黄仁勋传

刘与白 著

中国友谊出版公司

图书在版编目（CIP）数据

黄仁勋传 / 刘与白著. — 北京：中国友谊出版公司, 2024.7（2025.3重印）. -- ISBN 978-7-5057-5904-6

Ⅰ. K837.125.38

中国国家版本馆CIP数据核字第2024ZU9642号

书名	黄仁勋传
作者	刘与白
出版	中国友谊出版公司
发行	中国友谊出版公司
经销	新华书店
印刷	三河市中晟雅豪印务有限公司
规格	787毫米×1092毫米 16开 16.75印张 188千字
版次	2024年7月第1版
印次	2025年3月第4次印刷
书号	ISBN 978-7-5057-5904-6
定价	68.00元
地址	北京市朝阳区西坝河南里17号楼
邮编	100028
电话	（010）64678009

如发现图书质量问题，可联系调换。质量投诉电话：010-82069336

目 录

第一章

黄仁勋和他的早年时光

1. 年少赴美，苦干扫厕所、端盘子 // 002
2. 一念终生，梦想爱情双双萌芽 // 012
3. 硅谷逐梦，九年沉潜稳扎经验 // 022
4. 三十而立，上任 CEO 兑现豪言 // 029

第二章

英伟达的起点与征程

1. 技术偏航，首款芯片败光投资 // 036
2. 起死回生，押注 PC 新品爆卖 // 043

3. 成功上市，发明 GPU 重塑行业　　// 055

4. 黄氏定律，群雄逐鹿一统江湖　　// 063

第三章

多面出击，争雄称霸

1. 双雄争霸，微软反目分道扬镳　　// 072

2. 出货 1 亿，产品失手复合微软　　// 081

3. 重登王座，拿下暴雪索尼大单　　// 091

4. 行业洗牌，押注 CUDA 构建生态　　// 101

5. 领跑超算，进军移动计算领域　　// 112

第四章

黄仁勋引领的商业帝国

1. 造出"核弹"，走出低谷重拾增长　　// 126

2. 出货 10 亿，拿下宝马和特斯拉　　// 138

3. CUDA 显灵，迎来 AI 生意曙光　　// 150

4. 站台小米，携 IBM 建数据中心　　// 159

5. 手机败退，正式官宣转型 AI　　// 167

第五章

AI 浪潮下的新世界

1. AI 元年，慧眼投资 OpenAI // 180
2. 身价暴涨，股价涨幅高达 10 倍 // 188
3. 重塑行业，搞定实时光线追踪 // 199

第六章

黄仁勋和他掌控的算力王者

1. 大厂哄抢，丢特斯拉超英特尔 // 212
2. 集齐三芯，建元宇宙生态基座 // 224
3. ARM "流产"，深度布局量子计算 // 234
4. 市值万亿，成为 AI 算力新王 // 248

本书大事记 // 260

第一章

黄仁勋和他的早年时光

从视野、格局到学识，父母不遗余力的培养并没有白费，少年黄仁勋逐渐崭露头角，文体两开花，不仅学习成绩全A，还差点儿成为乒乓球职业选手，曾登上美国知名运动刊物《运动画刊》。然而，这个过程却是一把辛酸，几经波折。原来，黄仁勋是靠打工赚钱才结缘乒乓球的。

1. 年少赴美，苦干扫厕所、端盘子

美国科学技术的突飞猛进和经济发展的崛起，离不开移民带来的创新文化和奋进精神。这些来自全球各地的移民在美国不断创立新理论，发现新科学，开发新技术，不仅塑造了美国现今的繁荣面貌，也推动着全球科技浪潮滚滚向前。

在时间节点上，"二战"无疑是美国崛起的重要机遇点。美国是少数几个"二战"期间本土（珍珠港算美国海外领土）没有受到战争侵害的国家之一，再加上以往打下了一定的经济和科技基础，美国吸引了一大批欧洲顶尖的基础理论科学家，如阿尔伯特·爱因斯坦、西奥多·冯·卡门、恩利克·费米、詹姆斯·弗兰克、尤金·保罗·维格纳和汉斯·贝特等。

这些科学家在各自的领域中具有极高的成就和影响力，为美国的科技发展注入了新的活力和动力。于是，美国在"二战"结束后拥有了大量的人才和资金，逐渐成为基础科学的领导者。

与此同时，美国政府在"二战"后开始加码扶持科学技术发展，创建了现代高效实用的科技创新体系。在1945年至1957年，各政府部门和机构密切合作，大力支持大学和企业共同开展研究。原子能委员会、国防部等部门也相继设立了一批国家实验室和研究机构，进一步助推了美国科技的发展。

在此期间，这片科技热土催生了半导体技术的两大重要里程碑。1947年，威廉·肖克利、约翰·巴顿和沃特·布拉顿成功在美国的贝尔实验室制造出第一个晶体管。作为一种半导体材料，晶体管与以往的电子管相比体积更小、成本更低，灵活性和可靠性更强，它能够把微弱的电信号放大成强信号，是所有现代电器的关键活动元件。

1958年，在晶体管的基础上，美国德州仪器公司电子工程师、"集成电路之父"杰克·基尔比发明了集成电路，并成功制造出了第一颗集成电路芯片。集成电路芯片是一种把电路（电子元件）小型化的方式，比晶体管性能更好、成本更低，且便于大规模生产。这一突破性发明彻底改变了电子器件的制造方式，使电路更小、更高效、更可靠，并大幅降低了成本，由此开启了芯片产品的微型化时代。

1960年，德州仪器公司制造出全球第一款商用集成电路产品。但这款产品真正落地，却是在两年后的阿波罗计划中。当时，美国国家航空航天局（NASA）为美国国防部制造了基于集成电路的计算机，来为阿波罗计划提供导航和姿态控制。后来，芯片逐渐被应用于航天、军事等领域，美国随之迎来科学技术的黄金发展期，美资企业依靠强大的资金和科技实力飞越大西洋、太平洋，进入辉煌的全球拓展期。一位名叫黄兴泰的年轻化学工程师，就在美国科学家威利斯·开利创办的一家位于中国台湾的空调公司工作。

黄兴泰祖籍浙江青田县山口镇大安村，他的父辈于1945年日本战败后迁入中国台湾。黄兴泰从小学习成绩优异，在台南成功大学化工系学习期间，他凭借出众的学习表现被校方举荐，成为台南望族罗氏家族罗采秀的家庭教师。名家淑女邂逅谦谦君子，久而久之，两个人暗生情愫，最终结为连理。

新婚后的罗采秀很快有了身孕。黄兴泰虽然出身平凡，但从小志存高远，出身于世家大族又从事教师职业的罗采秀，更是对孩子寄予厚望。两个人兴高采烈地畅想未来生活，一连把未来几个孩子的名字都拟好了。不久后，罗采秀就生下了一个男孩。紧接着，一年后的1963年，黄兴泰又迎来了第二个儿子，夫妻俩给他取名为黄仁勋，意为"心怀仁爱，取不世之勋"。

在黄仁勋出生的第二年，也就是1964年，芯片价格因海外工厂扩大产能而大幅下降，开始从航空和军用市场走向民用市场，被应用在助听器上。1965年，后来创办了英特尔公司的科学家戈登·摩尔观察到一个现象：晶体管尺寸在不断缩小，同样大小的芯片可以封装更多的电路。由此，他提出了著名的摩尔定律——芯片中可容纳的晶体管数量将以每两年翻倍的速度增长。他还预言，集成电路将带来诸多奇迹，包括家庭计算机、自动控制的汽车以及个人便携式通信设备。

摩尔定律的提出，标志着芯片技术进入现代发展阶段。伴随芯片技术的快速发展，计算机性能呈指数级增长，而成本持续下降。不得不说，戈登·摩尔确实是人类历史上一位伟大的预言家，没过几年，他的预言便快速实现。后来的芯片不仅在计算机领域产生了巨大影响，还凭借越来越强大的计算和数据处理能力，渗透到几乎所有科技应用中，直接推动了信息技术及 AI（Artificial Intelligence，即人工智能）革命。

也是在 20 世纪 60 年代，工程师黄兴泰偶然得到一个去美国总部培训的机会。当时，以芯片为核心的半导体行业正在美国如野火燎原般旺盛发展，为其他制造业提供"原油"，成为美国经济运转的引擎。也正是因为美国在半导体产业的绝对领先优势，让黄仁勋的父亲看到了美国经济的极度繁荣和广阔的发展空间，他当即下定决心，将来一定要把孩子送到美国去深造。罗采秀也极力培养孩子，她虽然不懂英文，但仍每天从字典里找出 10 个英文单词，让黄仁勋和他的哥哥一起拼写和翻译，算是临时自设的"英语培训班"。黄仁勋后来回忆说，其实"她并不知道我们说得对不对"。

1968 年，5 岁的黄仁勋随父亲工作调动，来到泰国读小学。虽然辛苦培育兄弟俩学习，但黄罗夫妇并不想把孩子培养成只会听话的乖小孩，反而会容忍他们一些天真烂漫的冒险。与此同时，童年的黄仁勋也显露出冒险性格和强烈的探究精神，他喜欢用各种各样的方式来研究五花八门的材料。

8 岁那年，他和哥哥搞来很多一次性打火机，把打火机里的丁烷一股脑儿倒进游泳池里,点燃了整个水面。在迅速铺满水面的熊熊火光里,黄仁勋调皮地拉着哥哥跳进水底,兄弟俩看到了永生难忘的一幕——在水光氤氲下,被放大了数倍的火光连成一片奇幻瑰丽的蓝火天幕,直至慢慢变成黄红色的小火苗。这种冒险精神在他后来带领英伟达跟竞争对手贴身肉搏时,也表现得淋漓尽致。

黄家在泰国的日子并不安稳,黄仁勋很快迎来了第二次移居。1973年,泰国在军政府统治下人心惶惶,街上经常挤满游行示威的学生,社会经济飘摇动荡。这时,恰好黄仁勋的舅舅刚刚移民到美国,望子成龙想去美国发展的黄家终于等到一个机会。黄仁勋和比他大1岁的哥哥就这样被父母"丢"上飞机,去投奔舅舅。在美国机场,两个孩子甚至都不知道怎么转机。当时,哥哥说要走开一下,小黄仁勋茫然站在偌大的机场,手足无措,生怕哥哥再也不会回来。

初到美国的黄仁勋经历了很长一段适应期。他在后来的采访中曾回忆说:"我当时还是个孩子,到了美国,一切都又大,又漂亮,又明亮,像麦当劳和必胜客这样的餐厅更令我惊叹。但我记得当时我却很害怕,很难过。"那时候,黄仁勋的父母还没办法拿到去美国的签证,越洋电话又很贵,于是,黄仁勋全家脑洞大开,父母每月邮寄四盒自己录音的磁带给孩子们,黄仁勋兄弟俩也同样邮寄录好的磁带给父母,以此来分享生活近况,遥寄亲情思念。这个过程颇有"从前车马慢"的温馨,给黄仁勋兄弟俩的童年带来很多关爱和安全感。可惜的是,两年后那些磁带就被弄丢了,这让黄仁勋至今都觉得很遗憾。

除了父母跨越大洋的关怀,兄弟俩投奔舅舅的日子并不好过。这段经历为年幼的黄仁勋带来一段戏剧性的野草成长史，跟在"问题学校"度过童年的埃隆·马斯克颇有些相像。舅舅是第一代美国移民，刚到华盛顿不久，英文不是很好，生活也比较困顿。他本想把兄弟俩送到预科学校，却误将他们送进一家乡村寄宿的感化院，说白了就跟教管所差不多。学校位于肯塔基州，也就是肯德基总部所在地，距华盛顿的舅舅家有 3500 千米，相当于从青岛到乌鲁木齐。兄弟俩根本得不到舅舅的照料，就此开启了野蛮的"地狱"生存模式。

这所感化院是镇上唯一的学校，大概有 300 名学生，当地的孩子几乎是第一次见到中国人，还以为黄仁勋和他的哥哥都会很厉害的功夫。在这里，每个学生都被分配了劳动任务，几乎每个孩子都有刀具，身上文着各种可怕的刺青。入学时，黄仁勋 10 岁，舍友 17 岁，刚到宿舍的第一天晚上，黄仁勋就看到舍友身上有很多打架留下的伤疤。事实上，作为全校年纪最小又瘦弱矮小的学生，刚进学校的小黄仁勋也经常挨揍，还被安排每天打扫全校三层楼的所有马桶。他每天上学时都要经过一座摇摇摆摆的很旧的桥，每次他过桥时，当地的男孩都会抓住绳索拼命摇晃。

但很快，剧情就反转了。黄仁勋靠着"学霸"的超级考试技能，逐渐成为孩子们的"团宠"。他和满身刀疤、刺青的室友达成了一个协议，他教室友读书，室友教他仰卧推举。不得不说，年少飘零的黄仁勋从小就懂得了合作共赢。就这样，黄仁勋很早就养成了睡前做 100 个俯卧撑的习惯，还跟这位"校霸"室友处成了最好的兄弟，再也没有受过欺负。他还渐渐和其他男孩打成一片，学会了爬墙、偷苹果、抽烟。

这段终生难忘的经历，造就了黄仁勋坚韧的个性、超强的环境适应力以及极高的自制力，也为他添了几分天不怕地不怕的江湖豪气。英伟达联合创始人马拉霍夫斯基曾这样评价黄仁勋："他很坚强，他不是恶霸，他不会辱骂别人。但是如果你打他，他会默默爬起来。"黄仁勋后来表示，自己也很喜欢那段独自生活的时光，并没有觉得自己变坏了。他说："我们工作真的很努力，学习也很努力，孩子们真的很坚强。"2019年，黄仁勋还携妻子向这所学校捐赠了200万美元，并深情谈起了那座早已不在的破桥。

兄弟俩在感化院度过了野蛮生长的两年后，黄仁勋的父母终于拿到了移民签证，举家移民美国俄勒冈州。一家人团聚后，黄仁勋和哥哥这才被送进一所叫阿罗哈的正规高中接受教育。从视野、格局到学识，父母不遗余力的培养并没有白费，少年黄仁勋逐渐崭露头角，文体两开花，不仅学习成绩全A，还差点儿成为乒乓球职业选手。

或许是源自中国人骨子里的勤奋和聪敏，黄仁勋15岁就获得了全美乒乓球公开赛双打第三名，还曾登上美国知名运动刊物《运动画刊》。然而，这个过程却是一把辛酸，几经波折。原来，黄仁勋是靠打工赚钱才结缘乒乓球的。

在20世纪70年代，很多美国孩子都会在上课之余打工赚钱，以培养独立自主的能力，增加社会经验。少年黄仁勋曾在一个名为"球拍皇宫"的桌球体育馆擦地板挣钱。偶然接触乒乓球的黄仁勋一下子就喜欢上了这项运动，对数学的酷爱让他经常在大脑里计算着发球与回球的角度，很快便展露出"乒乓基因"和天赋。那段时间，黄仁勋对乒乓球着了迷，每天睡在球馆的地板上，只为一醒来就能继续打乒乓球。

在老板的鼓励下，苦训3个月的黄仁勋顺利拿到去拉斯维加斯参加全美青少年乒乓球巡回赛的机会，这年他13岁。然而，这次参赛他却输得一塌糊涂。赛后，在强烈的自尊心和对冠军的极度渴望下，黄仁勋反思了自己失败的原因，那就是不够专注。对于年少的黄仁勋来说，拉斯维加斯太大、太漂亮了，以至于比赛前一天他还在外面四处游玩。从那以后，他下定决心改变自己的散漫个性，专注于日常训练，提升球技，才取得了后来的傲人成绩。

年少的这些波折，锻造出黄仁勋坚韧、专注和勤奋的个性，学习对他来说轻而易举，乒乓球天赋也是与生俱来的。他是典型的"别人家的孩子"，身上也有着大多数好学生特有的害羞腼腆。在上大学之前，他跟哥哥因为从小不断搬家和换学校，基本没什么朋友，又因为跳了一级，念书时总比班上同学小，所以看起来孤独寡言，跟如今的谈笑风生反差很大。他曾自述："我是个好学生，我总是很专注，保持动力。但是我也很内向，非常害羞。唯一一次让我突破自我的经历是在丹尼餐厅当服务员。一想到要和人交谈，我就感到害怕。"

原来，十几岁时，哥哥帮黄仁勋找了人生中第一份工作——在一家餐厅做服务员。从洗托盘、摆桌椅的杂活做起，很快黄仁勋就成了一名正式的服务生。这份工作对年少又有课业的黄仁勋来说，其实很辛苦。每天放学后，黄仁勋就匆匆赶到餐厅，穿上标准的工作服穿梭在桌子之间，熟练地把饭菜和饮料送到客人的桌子上。而在体力劳动之余，小黄仁勋面临的更大挑战是要及时应对每位客人的诉求，确保每位客人都感到满意和舒适。这段经历让他能够和陌生人自在地说话，还逐渐享受到与人相处的乐趣。

这家店叫作丹尼餐厅，也是黄仁勋口中改变自己命运的一家餐厅。在丹尼餐厅当服务员的经历，为黄仁勋打下了成为领导必备的人际沟通基础。而很多年后，命运的齿轮也正是在这家小餐厅转动起来，促成了英伟达的建立。

少年黄仁勋辗转异国、饱经历练的这段时间，也是摩尔预言渐渐实现、芯片产业遍地开花的年代。黄仁勋到泰国的1968年，摩尔定律提出者戈登·摩尔和"集成电路之父"罗伯特·诺伊斯离开仙童半导体公司，创办了英特尔公司，他们发明的计算机存储器芯片1103随即热销，英特尔很快成为产业新贵。他们按照摩尔定律的节奏，每两年推出新一代产品，每一代新产品的存储容量都提升了4倍。

1974年，英特尔发明了首款商业化的微处理器，一年之内就被用于数百种不同的产品。当时，美国很多电脑爱好者开始购买散件组装电脑，个人电脑时代开启。也就是这时，史蒂夫·乔布斯和斯蒂夫·盖瑞·沃兹尼亚克携手组装了一台电脑，并于1976年4月1日推向市场，这就是第一台苹果电脑。1978年，Apple II（第二代苹果电脑）的爆卖让苹果公司迅速成为年销售额突破3000万美元的明星企业。

与此同时，20世纪70年代也是全球半导体三巨头德州仪器、仙童、摩托罗拉，以及包括AMD(Advanced Micro Devices，即超威半导体公司)在内的硅谷新兴半导体企业激烈竞争的年代。当时，美国政府为破除垄断推行"第二供应商"策略，众多中小半导体公司如雨后春笋般涌现，芯片的尖端技术得以加速向市场扩散，逐渐成为美国的战略性支撑产业。

在这段芯片光速发展的岁月里,聪明坚毅的少年黄仁勋也经历重重锤炼,涅槃新生,即将迎着PC(个人计算机)和CPU(中央处理器)的时代巨浪大展拳脚。

2. 一念终生，梦想爱情双双萌芽

1979年，16岁的黄仁勋站在人生的十字路口上，迎来人生中第一个重要抉择：是成为一名职业乒乓球运动员，还是去大学里深造？

在20世纪70年代，乔布斯和朋友创造的苹果电脑已慢慢开始普及，计算机开始从实验室走向市场，成为人们获取信息、处理信息的重要工具。随着计算机技术的不断发展，计算机软件也越来越丰富，涌现出《魂斗罗》《推石小子》《马里奥兄弟》等众多游戏。与此同时，电子工业产品的品种和产量大幅增加，开始在许多工业部门应用，电子工程专业成为当时学生争相报考的热门专业。

像很多男孩子一样，黄仁勋很喜欢打游戏，却不止于打游戏。早在高中时期，黄仁勋就已经能够熟练使用计算机的图形设计程序，对电脑这一新生事物有着强烈的好奇和喜爱。他隐约感觉，计算机科学和信息技术会是未来重要的发展方向，而乒乓球完全可以作为业余爱好，因此决然放弃了职业乒乓球运动员的道路。经过一番苦读，黄仁勋成功考入了俄勒冈州立大学电子工程专业。不得不说，黄仁勋这个决定非常明智。

学霸黄仁勋考上的这所学校是世界著名的公立研究型大学，由美国前总统亚伯拉罕·林肯亲自主持建立。当时，俄勒冈州立大学的电子工程专业在全球范围内都有一定影响力，很多这所学校的教师及学子都在电子、通信和信息技术领域取得了显著成果，他们中还有一些人成了电子行业的领军人物。

1980年，17岁的黄仁勋满怀激情和憧憬走进大学校园，却发现大学生活并没有想象中自由和惬意——刚入学的他就被扑面而来的繁杂课程包抄了，电子、信息、通信、电路理论、电子设备、信号系统……黄仁勋面前就像敞开了一扇电子信息世界的大门，他开始凝心静气，以空杯心态如饥似渴地学习起来。

在黄仁勋躬身苦读的20世纪80年代，芯片行业迅速发展，也迎来更激烈的竞争，芯片巨头美国开始面临严峻挑战。20世纪70年代末期和20世纪80年代初期，伊朗新政府宣布不再向美国等西方国家出口石油，导致石油价格急剧上涨，全球通货膨胀加剧。在一系列连锁反应下，美国经济在1980年到1982年连续3年出现衰退，芯片受此影响出现销量下滑和存货积压现象。

与此同时，日本芯片产业迅速崛起。20世纪80年代，DRAM（动态随机存取存储器）能使主存储器容量和速度大幅提高，成为提升大型计算机性能的关键。日本电气公司、日立公司、富士通公司和三菱电机公司等DRAM制造商通过提供高质量、低成本的产品迅速崛起，日本DRAM成为全球销量最高的芯片，迎来黄金十年。这就导致了日本与美国芯片制造商英特尔和摩托罗拉的激烈竞争。

在制造技术方面，集成电路继续遵循摩尔定律，不断向更小、更快、更高效的方向发展。在微处理器领域，英特尔不断推进其x86架构，而摩托罗拉则在68000系列上取得了重大进展，为其未来的图形工作站和早期的Mac（麦金塔）计算机奠定了基础。同时，英特尔还为嵌入式系统设计了i80186和i80188微处理器。一种针对特定用户要求和特定电子系统设计的专有应用程序芯——ASIC（专用集成电路），开始为消费电子产品、军事应用和通信设备提供定制化的解决方案。

在一系列前沿技术的相互促进下，1981年，IBM（International Business Machines Corporation，即国际商业机器公司）推出了其首款个人计算机——IBM PC。这台具有划时代意义的计算机采用了英特尔的8088微处理器作为核心计算单元，确立了PC作为普及型计算平台的地位，开启了个人计算机市场的飞速发展时代，进而对半导体行业产生了深远影响。

值得一提的是，20世纪80年代以前，苹果公司是个人电脑产业的霸主。但是，双拳难敌四手，更别提"六手"了。20世纪80年代开始，英特尔和微软组成了"Wintel联盟"（文泰来联盟）。此时的IBM首次推出开放架构和标准化设计，用了英特尔的处理器和微软的操作系统，极易生产和复制，这才取代苹果成为个人电脑产业的老大。而英特尔与微软也由此成为电脑产业的巨人，形成了所谓的"双寡头垄断"格局。

IBM PC发售时的售价为1565美元，1981年销量超过了20万台，到1985年销量超过了100万台。这一时期，苹果公司的Apple II也以其独特的图形界面引领了个人计算机的潮流。但与IBM开放架构、广泛合作正好相反，在乔布斯完美主义思想的主导下，Apple II采用了封闭架构和专有设计，其硬件和软件与其他系统不兼容，限制了Apple II的应用范围和市场规模。总的来说，这些先锋电脑公司的创新共同引领了整个行业的发展，使个人计算机不再是一个遥不可及的科技产品。

随着个人计算机在家庭和办公室的普及，芯片制造商迎来了新的挑战和机遇。为满足消费者不断增长的需求，用于音频、图形处理的各种芯片被研发出来，为用户带来更出色的音质和视觉效果，让用户在家庭娱乐和办公中获得了更好的体验。

那时候，大批年轻人开始试水个人计算机这一新鲜事物，黄仁勋也和很多同学一样，经常泡在学校机房里。当时的IBM PC搭载最新一代的英特尔酷睿（Intel Core）处理器，能以卓越的计算性能处理复杂的任务和大数据分析，依靠固态硬盘和大容量内存快速启动系统和运行多个应用程序，还拥有强大的独立显卡，支持高清视频播放和图形设计。

在便捷的网上冲浪和不断打怪升级的游戏世界里，黄仁勋既沉浸和享受一次次奇幻冒险，也痴迷于这个数字空间、异世界背后的技术和未来发展：游戏的画质能不能更逼真呢？游戏世界跟真实世界有一天会相连吗？就这样，从小就喜欢电脑的黄仁勋，在大学里看到了电脑背后的魔力，对计算机、计算机图形学以及数学产生了浓厚兴趣。与此同时，黄仁勋与自己后来奋斗终生的显卡事业，也埋下结缘的伏笔，因为只有显卡才能使计算机画面更加逼真。

在课业上，黄仁勋一直是班里的佼佼者。他对电子工程充满了热情，热衷于阅读最新的科技文献，和老师同学讨论最新的技术趋势，并乐于实践这些新理念和新技术。在实验室里，同学们经常能看到黄仁勋戴着快要磨破的工程师手套调试电路板，专心致志研究新的电路设计和电子原理。忙到不亦乐乎时，黄仁勋经常忘记了吃饭，等手头工作告一段落，抬头一看窗外已是黑漆漆一片。他的室友常常取笑他是机器人，因为他对电路、芯片、图形处理的痴迷似乎超过了对人类的关心。业余时间，黄仁勋还主动参加各种电子工程相关的竞赛和活动，拓展自己的视野和经验。凭借出色的设计理念和扎实的专业知识，黄仁勋在大学期间获得了大大小小的众多奖项。

随着黄仁勋对电子工程专业知识的深入理解，他对集成电路之父、仙童半导体公司和英特尔创始人罗伯特·诺伊斯及提出摩尔定律的戈登·摩尔敬佩有加，也越发对这个领域的创新、实践和应用产生了浓厚的兴趣，越来越确信自己选对了专业。因为电子工程不仅仅是一门学科，更在信息技术、通信技术、能源技术和生物医学工程等领域的发展中扮演着重要角色。年轻的黄仁勋觉得，芯片就是能够改变世界的那把钥匙！

如今我们都已经知道，电子工程就像是魔法师的魔法书，人们可以通过这个专业学会如何制作和改进手机、电视、电脑和很多其他酷炫的电器，这些电器能够帮我们更好地学习、玩游戏，与家人和朋友沟通，甚至帮助医生诊病。在 40 多年前，青春年少的黄仁勋基于对电子工程的前瞻性看好、热爱及精深研究，渐渐萌生出一颗梦想的种子——他不只希望自己成为一名杰出的工程师，还想推动电子工程的进步，打造自己的电子王国，造福更多行业和更多人。因此，他一有时间就扎进电子工程的浩瀚王国里，废寝忘食地研究起来。

青春没有售价，疯狂就在当下。对黄仁勋来说，大学生活有梦想有追求，也有男孩子的情窦初开。黄仁勋学的是电子工程专业，整个系的 250 个学生里只有 3 个女孩，而艺高人胆大的黄仁勋向其中一个发起了攻势。

黄仁勋的爱情，始于 17 岁的夏天。当时，学校安排两个人一组完成实验课，当老师念到黄仁勋和洛瑞的名字时，黄仁勋的内心瞬间沸腾起来，因为他早就注意到班里这个金发女孩，对她一直有隐隐的好感。在后来的实验课上，两个人的搭配出奇默契。与此同时，洛瑞的一颦一笑也深深印刻在黄仁勋的脑海里，挥之不去。他暗下决心，一定要追到这个女孩。

当时，黄仁勋比班里的同学年纪都要小，比洛瑞也小两岁，两个人相处时，他甚至都不敢说自己 17 岁。然而，这个害羞小学霸追求爱情的方式却直男又霸气，那就是发挥自己学习成绩好的优势，每周末缠着心上人做功课。每到周末，黄仁勋就会打电话给洛瑞："要不要一起做功课？""该做功课啦！"洛瑞其实也很欣赏黄仁勋出类拔萃的学习成绩和很多打破常规的想法。这样追了大半年后，美人的芳心终于被打动，他们开始了第一次约会，从共进晚餐到看电影，度过了浪漫而难忘的一天。黄仁勋在后来的采访中笑说:"我拼命想给她好的印象,但我不是靠外表,而是靠我在课业上的超强能力。"

在那段简单而纯真的大学时光里,黄仁勋和洛瑞经常一起漫步在俄勒冈州立大学的林荫路上。他们在图书馆安静的角落里一起学习,互相讨论专业课题,或是周末到校外的酒吧里,手持啤酒听一些现场乐队的演出,享受大学时光的自由和无忧。假期里,他们会沿全美历史最悠久的三角洲铁路欣赏俄勒冈州壮丽的风景,到哥伦比亚河峡谷探寻瀑布、河流及丰富的野生动物……就这样,情窦初开的两个人逐渐建立起深厚的感情,成为难舍难分的一对恋人。

有梦想和爱人为伴的青春年华闪闪发光,却又匆匆。转眼间毕业季近在眼前,这天晚上,黄仁勋和洛瑞牵手走在漫步过无数次的校园小路上,在轻柔的橘色路灯下,两个人兴高采烈地畅谈起未来,洛瑞问黄仁勋以后想做什么。黄仁勋凝思许久,说道:"30岁的时候我要做公司CEO(首席执行官)。"

少年狂想,恐怕洛瑞当时并没有把黄仁勋的话当真。然而,黄仁勋后来却亲身践行,刻意选在自己30岁生日这天兑现对洛瑞的承诺,走马上任英伟达CEO,成就一段传奇佳话。

可以说,黄仁勋的梦想和爱情皆始于大学,又都从一而终,延续至今。这与现代社会快节奏、轻别离的风气形成了鲜明对比。对黄仁勋来说,妻子和家庭始终是他人生中最强大的动力和坚实的后盾,支撑着他一步步实现自己的目标。他对妻子的爱和承诺不仅赢得了她的心,也赢得了世人的艳羡和敬重,事业成就与个人魅力相辅相成。

1983年，还差一年毕业的黄仁勋基本已经完成课业，提前迎来人生中第二个关键抉择：在哪里开启自己的职业生涯。黄仁勋选的这个地方，是他潜心8年修炼一身本领的加油站，也是后来成就他终生梦想的梦之谷，那就是美国著名的科技之都——硅谷。

硅谷在科技圈的重要地位怎么说都不为过，我们耳熟能详的谷歌、苹果、特斯拉、惠普、英特尔等公司的总部都在硅谷。它位于美国加利福尼亚州北部的大都会区旧金山湾区南面，是高科技事业云集的圣塔克拉拉谷的别称。如果放大美国地图，你就会看到这段长约25英里（约合40.2千米）的狭长谷地。这里有着平均气温23℃的宜人温度，全年有300多天都是阳光普照。100年前，恐怕谁也想不到这块看似平静安然的谷地，却蕴藏着改变世界的力量。

硅谷最初的崛起，正是跟黄仁勋从事的芯片事业息息相关。1958年，杰克·基尔比发明全世界第一颗芯片时所在的德州仪器公司，就坐落在硅谷。事实上，早在20世纪30年代起，在斯坦福大学等名校的鼓励和美国军事技术的需求下，就有众多科学家、工程师和风险投资公司来到硅谷，研究半导体材料。硅谷的得名也正是因为半导体芯片以硅为核心材料。从最初诞生、公司林立到激烈竞争，芯片如同微小的生命，在硅谷这片沃土上繁衍生息，不断进化出令人惊叹的技术与产品，推动着美国的电子和信息革命。可以说，美国乃至全球的整个科技进化史，就是硅谷的黄金发展史。

当黄仁勋提着行李箱来到这片生机勃勃的谷地时，不由得兴奋异常，因为他知道，自己已经踏上追逐梦想的起跑线。黄仁勋来到硅谷后入职的第一家公司是何方神圣呢？正是直至今日还在芯片界赫赫有名、与英伟达恩怨情仇多年的 AMD。

1969 年，因不满老东家德州仪器高管对新技术的保守态度，销售出身的杰里·桑德斯等 8 人在硅谷创立了 AMD。起初，AMD 只是重新设计仙童半导体的零件。后来，由于 AMD 提供产品的速度和效率都很高，并通过了军用标准，在当时的刚刚兴起的计算机行业来说无疑占尽了优势。就这样，从制造一些小部件开始，AMD 逐渐成长起来。

这里我们普及一下 AMD 和英特尔创始人的职业背景。英特尔的核心创始人戈登·摩尔和罗伯特·诺伊斯都是科学家出身，牢牢掌握行业领先的技术优势。而 AMD 的核心创始人杰里·桑德斯是销售出身，这就注定了 AMD 起初作为行业跟随者的角色。说白了就是英特尔吃肉，AMD 跟着老大喝汤。

1974 年，英特尔推出 8080 处理器后，AMD 看到了微处理器市场的巨大潜力，开始着力研制该产品，并成功成为英特尔的第二供应商。随后，AMD 的发展势头越发强劲，工艺和产能都得到了很大提升。AMD 的崛起自然引起了英特尔的警觉，当英特尔推出 8086 处理器时，迟迟不肯授权给 AMD。但因为 AMD 产品表现比较好，IBM 迫使英特尔重新让 AMD 做了第二供应商。

事实证明，后来 AMD 果然迅速崛起，成为与英特尔难分伯仲的巨头。而初入职场的黄仁勋，恰巧目睹和参与了两家公司火并的全过程。1983 年，黄仁勋入职 AMD 担任芯片设计师，负责设计微处理器及相关产品。当年，AMD 已经称得上硬件巨头，销售额达到 11 亿美元，与英特尔持平。

上班第一天，当黄仁勋早早来到高耸气派的 AMD 写字楼前，一切都显得陌生而又充满挑战。阳光透过窗户洒在办公间里，员工们纷纷投入新的一天的忙碌中。黄仁勋的上司带着他来到工作台，简单交代了他第一天的任务，并把所需工具交给了他。这一天，黄仁勋忙得几乎没有时间去吃饭。直到傍晚时分，窗外的夕阳伴随几缕霞光渐渐消失在地平线，灯光映照在那些复杂的图纸上，完成任务的黄仁勋才长出一口气，内心十分满足。在 AMD 的每一天，黄仁勋都在不断学习、实践和进步，他的个人技术也得到了突飞猛进的坚实提升。

3. 硅谷逐梦，九年沉潜稳扎经验

1984年，黄仁勋正式毕业，继续留在AMD从事芯片设计。这一年被黄仁勋称作"最适合毕业的年份"，为什么呢？

因为1984年，第一台苹果Mac电脑发布了。这意味着世界上第一款普通老百姓买得起、拥有交互式图形界面，并能使用鼠标便捷操作的个人电脑诞生，开启了个人电脑新时代。这台电脑最初目标定位于家庭、教育和创意专业市场，采用摩托罗拉68000芯片，运行苹果独有的Mac OS系统。这台电脑当年发售的定价为2495美元，当年销量就超过25万台。同时，英特尔的x86系列的不断迭代也进一步推动了个人计算机的普及，游戏机等便携式电子产品开始走进千家万户。

个人计算机和游戏机的不断普及进一步带动了芯片需求。在黄仁勋毕业的1984年，全球芯片无论从技术还是应用来说都处于快速发展期。伴随美国经济初步复苏，赛普拉斯、赛灵思等更多半导体公司开始崭露头角，在嵌入式系统、无线通信、计算机和存储技术等领域展开业务，而传统的大公司则通过合并、收购和战略伙伴关系来保持其市场地位。美国芯片厂商在与日本你追我赶的竞争中，大量生产当时畅销的DRAM芯片，引发大规模产能过剩，价格下降近80%，由此遭受重创。同年，为了应对日本的冲击，美国芯片产业开始对先进的半导体芯片技术进行垄断，里根政府出台了《半导体芯片保护法》。但在接下来的几年内，美国仍然没能遏制住日本的发展势头。

此时，设计芯片的工具也逐渐受到重视。随着集成电路产业的发展，设计规模越来越大，制造工艺越来越复杂，手工设计已无法满足需求。因此，可以用更短时间来设计复杂芯片的EDA（Electronic Design Automation，即电子设计自动化工具）火了起来。简单来说，EDA是一款电脑软件，可以设计微芯片中的各种线路和电路，也可以检查设计是否正确，最后把设计变成真正的芯片，是微芯片产业的重要支柱。黄仁勋早在学校里钻研学术时，就开始研究如何用电脑来辅助设计电路板，工作后更是如鱼得水，很快掌握了用EDA设计芯片的方法。

1984年的硅谷，正经历着芯片产业的飞速崛起，这个繁荣的产业如同磁石一般吸引着各种创新企业和优秀人才。随着产业链的完善，从半导体设计到生产制造，再到下游的应用领域，这个生机勃勃的产业生态链又提供了大量的就业机会，硅谷的生活娱乐配套也渐渐完善。在繁忙的工作之余，黄仁勋会和洛瑞在铺满金色阳光的露天咖啡馆悠闲地待一个晌午，或是去近郊的大自然中度假。他喜欢在爱人和大自然的怀抱中寻找灵感，感受那份温暖、宁静与远离尘嚣的平和。

在 AMD 工作期间，黄仁勋还和自己的初恋洛瑞定下了终身大事。当时，两个人的关系已经稳定发展了 5 年，黄仁勋邀请洛瑞以女朋友的身份参加 AMD 举办的圣诞晚会。那是个寒冷的冬夜，在晚会现场如梦如幻的温暖灯光下，黄仁勋牵着洛瑞的手，给了此生唯一的爱人一场终生难忘的浪漫告白。然而，就在求婚当晚，两个人就经历了一场生死劫难。

晚会结束后，黄仁勋开着刚买的红色日本丰田车载洛瑞回俄勒冈州，结果途中撞到冰块发生车祸。黄仁勋回忆说："我们那天差点儿死了，我全身都是血，她看到我正在流血，就把衣服盖在我头上。"他还开玩笑说，"我那时候最关心的是车子有没有损坏，因为这是我买的第一辆车，至于太太只是手指稍微擦伤，真是谢天谢地。"隔天，黄仁勋急急忙忙去看他的车子，才发现人生第一辆车已被压成一堆废铁。

在黄仁勋初入职场的两年内，芯片产业发展日新月异。1985 年，英特尔公司推出了全新的 32 位微处理器芯片英特尔 80386，以其高性能和更复杂的指令集，成为当时最先进的处理器。这里我们科普下什么是指令集，简单来说，它就是 CPU 芯片和软件操作系统沟通的语言。一直以来，英特尔的指令集都作为行业标准强势存在。当时，摩尔定律也已发布 20 年，芯片缩小至 1 微米，集成电路上可以容纳更多的晶体管，芯片性能也越来越强——半导体产业发展到超大规模集成电路阶段。

与此同时，芯片商战战火不断。也是在 1985 年，日本的 256K

DRAM 技术一举打垮了美国 50 家半导体联盟，一举占据了 64K、128K、256K 和 1M DRAM 市场 90% 的份额，日本电气公司成为全球半导体内存市场的第三个霸主。随后，美国的反击和竞争引发了几次芯片供应过剩和价格战。这时的黄仁勋还未曾预料，转过年来自己所在的公司就卷入了另一场商战。

1986 年，AMD 与英特尔开始激烈抢夺 80286 微处理器的市场份额。80286 是英特尔在 1982 年推出的 16 位微处理器，是英特尔 x86 系列的第二代产品，被广泛应用于个人电脑、工作站和服务器等设备中。仅隔一年，AMD 也推出了自己的 Am286 16 位微处理器，在某些性能指标上甚至超过了英特尔的 80286。因此，当年 AMD 和英特尔在微处理器市场上的竞争非常激烈，它们的竞争还扩及市场营销、品牌形象、技术支持等多个方面。两家公司为了抢占市场份额，你追我赶，不断推出新的技术和产品，如更快的时钟速度、更多的指令集、更小的晶体管尺寸等。

最终，这场商战毫无疑问地推动了微处理器技术的快速发展，并使消费者能够享受到更便宜、更高效的计算机硬件。从那时起，AMD 和英特尔就成了全球微处理器市场上的一对顶尖对手。这次商战涉及技术和法律的双重挑战，因为两家公司之间有许多关于技术授权的法律纠纷。这段经历使年轻的黄仁勋初次见识到了芯片业激烈而残酷的竞争，也明白了技术进步、应用拓展背后的逻辑和艰辛，为他后来创建并领导英伟达提供了宝贵的洞察力和策略指导——他开始慢慢学会如何在高度竞争的市场中生存和成功。

与此同时，随着工作实践的深入和行业视野的拓宽，黄仁勋迫切发觉自己需要进一步提升，以紧跟波诡云谲的芯片产业浪潮。1986年，黄仁勋成功考入名校斯坦福大学深造。斯坦福大学临近硅谷，是全球顶尖的工程和技术学校之一。对于渴望深入研究和创新技术的黄仁勋来说，斯坦福无疑是最好的选择。在这里，黄仁勋参与了多种研究项目，与教授和其他同学一同探讨前沿的电子工程和计算机科学主题，接触到了更先进的计算机图形技术。这段求学经历为黄仁勋积累了丰富的行业知识和经验，更重要的是，黄仁勋还在斯坦福结识了后来一起创办英伟达的两位合伙人。

当时，有一家名叫SUN（太阳）的计算机服务公司诞生于斯坦福大学校园，主要业务是提供UNIX系统（一种多用户、多进程的计算机操作系统）。这家公司在黄仁勋入学这年成功上市，黄仁勋也在斯坦福大学的学习实践中认识了SUN公司的两位技术顶尖的工程师——克里斯与普雷艾姆。同样是痴迷最新技术，怀揣创业初心，几个志同道合的年轻人很快结下了深厚的友谊。

通过AMD两年的实践和在斯坦福大学的学习，黄仁勋的技术和视野都更上一层楼，他为自己设定了更宏大的职业规划，立志要成为全球的"图形皇帝"。在1985年，黄仁勋跳槽到LSI Logic（巨积公司）担任芯片工程师。这是黄仁勋职业生涯里工作最久、收获最多的一家公司，他不仅全面拓宽了从产品到营销的管理经验，也辗转结识了芯片圈内顶级的创业家、投资人，为后来的创业融资铺平了道路。

能够让黄仁勋获益良多，苦苦耕耘多年，LSI Logic确实不简单。LSI Logic是一家专门生产ASIC（Application-Specific Integrated Circuit，即专用集成电路）的公司。1983年，仅仅创立两年的LSI Logic就成功上市，并以 1.53 亿美元的市值创下了当时技术公司上市规模的纪录。其创始人正是圈内赫赫有名的威尔弗·科里根，曾是仙童半导体的 CEO。

虽然也是芯片公司，但 LSI Logic 主打的业务并不是 CPU，而是倾向于芯片的图形处理。ASIC 作为一种专用芯片，专为特定应用或特定功能设计，相比通用芯片（如 CPU）具有更高的性能和更低的功耗。这种技术最初主要应用在通信、军事等领域，近年来才开始广泛应用在消费电子、物联网等领域。

黄仁勋刚刚加入时，LSI Logic 正处于快速发展的当红时期，ASIC 技术正作为一个相对较新的概念逐渐被人们接受，许多初创公司和大型企业都希望创建专用的芯片解决方案，来满足特定应用的需求。黄仁勋的工作也跟这项新技术的研发迭代密切相关，这让他对专用集成电路的设计过程有深入了解，为他后来在英伟达的产品创新奠定了基础。

1988 年，在 LSI Logic 工程设计部工作了两年的黄仁勋已被升为主管，他要求调到销售部门。虽是芯片设计师出身，但黄仁勋在 LSI Logic 的几年里，也展现出了极佳的销售天分。在销售岗位上，黄仁勋带领团队把自家产品一次次卖到爆，以出色的业绩受到巨积 CEO 威尔弗·科里根的赏识，也征服了公司的许多高管。最终，他用 3 年时间成为集成芯片部门的总经理。所谓集成芯片就是在一块芯片上集成多种功能，在当时的美国，这种芯片开始广泛应用在计算机、通信、消费电子产品等多个领域，前景无限。

对于这一转变，黄仁勋说："从工程部转到销售部，这是我曾经做出的最佳职业选择，我逐渐学会了产品的设计开发如何与市场结合。因为我意识到，消费者并不关心你从哪家商学院毕业，他们只关心一件事，你的产品对他有什么好处。"

在漫长的 8 年工作经历中，除了埋头勤耕职场，黄仁勋也十分关注芯片产业的前沿动态，见证了数次重要的技术和市场变革。1987 年，芯片代工和晶圆代工的业务模式开始获得关注，中国台湾的台积电（台湾积体电路制造股份有限公司）同年成立，为其他公司提供集成电路的制造服务——这也是全球第一家专业的晶圆代工企业。那时候的黄仁勋估计怎么也想不到，后来台积电老板，会拨给他一个命运转折的电话，成就一段近 30 年的忘年友情。

这期间更重大的转折点是，美国通过一系列措施，渐渐夺回了全球芯片产业的领导地位，结束了日本半导体产业全球领先的 10 个年头。20 世纪 80 年代中后期，美国半导体产业开始调整发展重点，从重视产品制造转向重视工艺技术研发；90 年代初，美国政府、企业、大学和研究机构开始联合实施"SEMATECH"（半导体制造技术科研战略联盟）计划，以加强半导体芯片产业的技术研发和人才培养；90 年代中期，美国通过提高关税、限制进口等措施限制日本半导体芯片产业的发展，由此逆转了全球芯片战局。

8 年职场生涯披荆斩棘而过，综合技能几乎满格的硅谷硬汉黄仁勋，即将随着波澜壮阔的芯片发展潮流，开启自己的浮沉创业路。

4. 三十而立，上任CEO兑现豪言

黄仁勋17岁时，曾对当时还是自己女朋友的洛瑞说，要在30岁当上CEO。后来被问及这件事，他腼腆地笑说："我当时只是觉得这样的说法，肯定会让她留下深刻的印象。"现在来看，黄仁勋说这番话多少有点"画饼"的嫌疑。结果到了黄仁勋30岁生日那天，天时地利人和，他真的走马上任，完成了曾经浪漫而又热血的诺言。

这里所谓的"人和"，其实源自两个创业合伙人的"不和"。1992年，原本在SUN公司就职的工程师克里斯与普雷艾姆在公司的政治内斗中落败，准备打包走人。得知此事后，黄仁勋便带他们来到名为丹尼的连锁快餐店小聚，这也是他年少时打过工的一家餐厅。三个人拿鸡蛋卷裹上香肠

片送进嘴里，就着劣质焦咖啡，克里斯与普雷艾姆聊起他们创业的想法。说不动心是不可能的。当时，黄仁勋立马就想到自己和妻子夸下的30岁开公司的海口，而且他在LSI Logic 6年的职场生涯也面临"瓶颈"，毕竟从设计芯片到卖芯片他都手到擒来。但黄仁勋当时还是谨慎表示，除非这家公司能在一年内实现5000万美元的销售额，否则不会选择创业。

三个年轻人随即认真聊起对未来芯片行业的看法，达成了初步共识。当时，个人电脑正逐渐从办公室走向家庭，3D图像技术凭借实时生成的画面和互动性，极有可能成为下一种新的大众媒介。与此同时，应用3D图像最多的游戏，受CPU性能限制发展不起来，基本没有太大的娱乐性。但3D图像任务需要耗费极高的计算量，只有使用非常庞大的专业工作站才能完成。为什么不面向游戏的图形需求来开发专门的芯片呢？这样就能极大降低计算成本，推动3D图像技术普及和发展。于是三人一拍即合，准备建立一家专门开发高性能图形处理器的公司。

当时，黄仁勋三人所在的这家丹尼餐厅紧挨着一座立交桥，环境很吵，装修简陋，店铺的前脸还布满了弹孔——因为路过的社会人士经常朝停在门前的警车开枪。他们意识到这个小餐馆并不是理想的办公室，于是搬到了一个联合创始人的联排别墅里，有了更多的隐私。但那里没有空调，公司也没有取名字，唯一确定的是他们想进入芯片行业，几个人很长一段时间内都是一头雾水。黄仁勋后来自嘲道，他们几乎是"闲聊"了6个月的时间，每天的重头戏逐渐变成去哪儿吃午饭，是费城的奶酪牛排，还是新开的中国菜馆。

当然，几个人也不是一点儿正事都没干。当时，黄仁勋主动联系了许多行业专家，向他们咨询图形芯片市场的未来趋势和可能的商业机会。有位专家告诉他，这个市场还没起步就已经乱成了一团，奉劝他最好别干这个。但是，黄仁勋并没有完全听信专家的话，而是一头扎进芯片行业，翻阅各种资料，详细了解整个行业的发展现状及前景。

整体来说，20世纪90年代初期，芯片行业的发展趋势是欣欣向荣的。这一年，个人电脑的普及和通信技术继续蓬勃发展，浏览器也刚刚问世，这股气势汹涌的商业化浪潮推动了微处理器、存储芯片和通用芯片的旺盛需求。与此同时，多家美国半导体公司伴随石油危机结束而业绩大涨。据世界半导体贸易统计组织的调查估计，1993年世界半导体工业生产增长率高达29%，达773亿美元，达到了90年代以来的最高峰。

具体来看，芯片市场及技术发展也一片向好。1993年，英特尔发布了奔腾（Pentium）微处理器，极大地提高了个人电脑性能。英特尔和AMD从芯片性能到价格，都展开了激烈角逐，为大众带来更快、更便宜的微处理器。这一年，存储芯片技术也取得了显著进展，DRAM的容量增加到1GB，而闪存技术开始在存储设备中广泛使用，如固态硬盘（SSD）。三星关注到这一趋势，大举投资，兴建了用于生产DRAM的8英寸硅片生产线，为以后在芯片行业的发展奠定了基础。精简指令集计算机（RISC）架构继续蓬勃发展，被很多公司用来提高芯片的执行效率。同时，更小、更高性能的芯片出现，0.35微米工艺逐渐成熟起来。这些事件都对芯片市场产生了深远的影响，塑造了现代计算和通信技术的发展方向。

1993年，30岁的黄仁勋几经调研和思考，终于下定决心为自己8年的打工职场生涯画下句点，靠着银行贷款来的4万美元，和两位合伙人一起创立了英伟达公司。这家公司从命名开始，就展露了黄仁勋"硅谷第一猛男"的雄心壮志。三个年轻人最初为公司取的名字叫NVision，意为"下一代"（next vision）。但他们很快发现，这个名字被一家卫生纸生产商抢先注册了。于是，在很长时间里，英伟达都没有名字，只用"NV"来简称。后来，三个人查遍所有带NV的单词，才发现了拉丁语意为"嫉妒"的"invidia"。而英伟达的Logo（标志）正是一只绿色的眼睛，恰好致敬了莎士比亚作品《奥赛罗》中的一句话："嫉妒是一个绿眼的妖魔。"如今，英伟达的辉煌成就，也的确足以让硅谷同行嫉妒。

但在当时，并不是所有人都能理解他们的想法，其中就包括黄仁勋的妈妈。当黄仁勋激动地给妈妈打电话说出自己的创业规划时，得到的回复是："你为什么不去找一份正经工作呢？"妈妈的话反而更激发了黄仁勋创业的决心，他一定要让所有人看到自己的成功，让更多人用上自己研发的芯片！但在后来的采访中，当被问到如果重回30岁，还会不会选择创业时，黄仁勋斩钉截铁地说不会。当时的黄仁勋，确实是低估了这场创业之旅的艰辛程度。

公司成立后，接下来的重点自然是分工。由于黄仁勋在技术、管理、销售方面都有深厚的背景和经验，他自然而然被推举为英伟达的总裁兼首席执行官，负责商业决策。克里斯负责硬件设计，普雷艾姆负责开发软件架构。为了兑现对妻子的承诺，黄仁勋特意选在2月17日生日这天正式上任，并在这个职位上一直干到现在。

CEO的名头虽然听上去不错，但其实，最初英伟达的办公地点只是加利福尼亚州一间寒酸的小房子。同时，三个人也很快意识到，事情并没有想象中那么顺利，理想和实践之间相差十万八千里。创业之初，英伟达既没有投资也没有客户。

那时，黄仁勋专门买了一台苹果电脑，只为使用电脑上一个叫作"说服"的PPT（演示文稿）软件。他整天抱着一本5厘米厚的创业指南，努力想搞清楚怎样筹集资金。为了给英伟达找到第一笔风险投资，黄仁勋还跑到美国风险投资的聚集地——硅谷沙丘路。在这里，每天都有怀揣各种创业理想的年轻人前来寻找资金，这里也是黄仁勋无数次碰壁然后灰头土脸回家的地方。然而，皇天不负有心人，6个月后，黄仁勋凭借以前在职场里的出色表现，为英伟达争得了一个转机。

原来，黄仁勋在老东家LSI Logic工作时，曾从工程师到管理再到销售总经理三级跳，并且在每个岗位上都拔尖，因此深得LSI Logic CEO威尔弗·科里根的赏识。而威尔弗·科里根与鼎鼎大名的红杉资本创始人唐·瓦伦丁是老同事，他创建的LSI Logic也是红杉资本一手投资，两个人的交情自是不一般。因此，得知黄仁勋正在创业时，前老板慷慨地施以援手。"威尔弗·科里根对我在LSI Logic的工作非常满意，他打电话给唐·瓦伦丁，告诉他要投资这个孩子。从那一刻起，我的融资就注定成功了。"

那可是投资过苹果、谷歌等一众互联网巨头的红杉资本！对黄仁勋来说，这笔投资接得是又爱又怕。在红杉总部见到唐·瓦伦丁那天，黄仁勋紧张极了，他感觉自己的表达语无伦次，结束的时候心都提到了嗓子眼儿。但坐在对面一直面色冷峻的唐·瓦伦丁还是给了他2000万美元。"威尔弗让我给你钱,虽然我并不想这么做,我还是会给你钱。但如果你把我的钱赌输了,我会杀了你。"这位红杉资本创始人这样说道。

对黄仁勋而言,拿到融资靠的当然不是他在红杉的那几个小时,而是他赢得威尔弗信任的那 8 年。在后来的采访中,黄仁勋笑称这位传奇投资者的性格暴躁易怒,但又讨人喜欢。在接下来的几十年,每当有一些知名杂志夸了英伟达时,唐·瓦伦丁都会在报纸上用蜡笔写上"做得好",然后把报纸寄给黄仁勋。显然,这位性格古怪并比黄仁勋大 30 多岁的老人,一直在用他自己的方式鼓励着后辈黄仁勋,而黄仁勋也终究没有让他输,反而为他带来了丰厚的回报。

第二章

英伟达的起点与征程

关于这次豪赌,后来黄仁勋说:"当你下重注时,你实际上已经提前应对了所有可能的风险,这就是教训,一直到今天,我们都会提前谋划并模拟我们可以预见的未来。"在30年后的今天,我们恍然惊觉,这家加速计算公司真的已经强大到帮助无数企业在数字空间里模拟和操控现实,帮人类预见未来。

1. 技术偏航，首款芯片败光投资

第一笔投资既已入账，黄仁勋几人开始招兵买马，准备大干一番事业。

1993年尚处于计算机的"上古"时代，电脑要拨号上网，操作系统是Windows3.1，虽然一系列策略类、动作类、角色扮演类游戏已经问世，但大家最喜欢玩的游戏还是扫雷。那时，世界上还没有真正意义上的显卡，甚至连API（应用程序接口）都不存在，当时图形处理的主流硬件是一种叫作图形适配器的3D处理芯片，大约有20家图形芯片公司。

基于丰富的行业经验和理论基础，三个合伙人做出前瞻性预测——电脑游戏和图形芯片一定是大有可为的赛道。因为人类对计算速度的要求一定会越来越高，CPU只能做通用计算，加速计算需要定制的专用硬件，而市场需求量最大的加速计算硬件就是游戏的图形芯片。所以，他们决定以游戏的图形显卡作为创业产品，并且集中全部精力只设计高性能芯片，生产全部外包。三个人打算以此为基础，未来再向不同性能和级别的市场扩张。策略既定，几个年轻人都是信心满满，势在必得。

按照最初的构想，黄仁勋和合伙伙伴们的目标是将3D图形技术作为公司的首个"杀手级"应用，将PC升级为更高性能的加速PC。没承想，当黄仁勋还在劳心费力教育市场，准备大干一场时，英伟达原本的先发优势却迅速消失了。盯准这同一块"肥肉"的显然不只是黄仁勋他们，很快，用于个人计算机的3D图形和消费类3D图形星火燎原般火了起来。

也是在英伟达成立的1993年，日本游戏公司南梦宫（NAMCO）的《山脊赛车》和世嘉株式会社（SEGA Corporation，简称世嘉）的《VR战士》（VR，全称Virtual Reality，即虚拟现实）等3D游戏相继问世，3D图形开始在游戏界流行。这些游戏利用了纹理映射技术，使游戏中的模型可以在多边形上自由移动，极大地提高了游戏的真实感和吸引力。此外，这些游戏还提供了实时3D图形，让玩家可以在家中享受到类似于电影院的视觉效果。与此同时，个人计算机也开始普及3D图形技术。3D图形在Windows等操作系统中的应用也越来越广泛。

在行业的迅猛发展下，一时间，同类型公司在硅谷开得遍地都是，这让英伟达自以为傲的优势荡然无存。那段时间，面对公司困局，黄仁勋投入工作的时间越来越长了。他本来就是个名副其实的工作狂，每天早上6点起床，锻炼1小时后去上班，一直工作到很晚才回家。在雷打不动地陪家人吃完晚饭后，他又会接着工作，直到累得不行才会睡觉。在这个难挨的阶段，黄仁勋经常因为忧思英伟达前景半夜惊醒，他的办公桌上总是摆满了资料和书籍。

就这样，整整一年，黄仁勋和合作伙伴们都在苦苦探索市场机会和可行性产品，终于在第二年迎来第一个客户。1994 年，英伟达与 SGS-Thomson Microelectronics（1998 年更名为意法半导体）达成了首个战略合作伙伴关系，为该公司制造单芯片图形用户界面加速器。不过，当时英伟达选择了并不被人看好的正方形绘图渲染技术，又想让芯片功能尽可能多，以提供更好的游戏体验，因此选择了集成游戏手柄、声卡等多重功能的芯片设计思路，计划进入游戏机市场。

同年，英伟达还和 Diamond Multimedia Systems, Inc.（帝盟）成了商业合作伙伴，为该公司提供多媒体加速器板上的芯片。同年 11 月，帝盟推出了基于英伟达技术的 3D 加速卡 Diamond Edge 3D（钻石边缘 3D）。这种加速卡支持微软制定的 3D 规格界面 Direct3D 和 OpenGL（Open Graphics Library，即开放式图形库）API，能够提供高质量的 3D 图形渲染效果，并集操纵杆、游戏端口、声效、显示、2D、3D 等多种功能于一身，后被广泛用于个人电脑和游戏机等设备中。

然而，这些合作显然不是黄仁勋最想要的，他的梦想是发明一款集 2D 显示和 3D 加速于一身，突破性的平民显卡。为此，黄仁勋和他的创业伙伴们采用了更加冷门的正方形绘图渲染技术来设计英伟达的第一个产品 NV1，把刚拿到的巨额融资用来改造产品，准备一鸣惊人。

英伟达为什么要用冷门的正方形绘图渲染技术？黄仁勋自有其道理。

要知道，当时的游戏市场正处于 2D 游戏向 3D 游戏转型的时期，也就是说从平面上的游戏转向立体空间中的游戏。许多玩家对新的 3D 游戏很不适应，而正方形绘图技术能够提供更加稳定和传统的 2D 游戏画面，更容易被玩家接受。而且，英伟达团队包括黄仁勋在内，都是游戏行业的资深专家，虽然正方形绘图渲染技术不是当时最先进的技术，但他们有信心通过改进和优化来提高其性能。这种技术还可以帮助他们更好地控制成本和开发周期，让产品尽快上市。当然，选择并不被人看好的正方形绘图渲染技术，也符合黄仁勋一以贯之的创新和冒险精神。

理想很丰满，现实却很骨感。此时的黄仁勋还浑然不知，英伟达的一只脚已经踏入死亡泥潭。

我们先来说黄仁勋为什么要斥巨资改造产品。在英伟达成立的 1993 年，显卡原材料 DRAM 内存的价格大概是 50 美元 /MB（MByte，即兆），主流 VGA 显示器的分辨率则是 640×480，3D 图像显示最少也需要 4MB DRAM。也就是说，单单是这块内存的成本就需要 200 美元，加上板上的控制芯片和其他组件，再留些利润空间，芯片定价就要在 1000 美元以上。而 30 年前根本没有什么上得了台面的全民型游戏，普通游戏玩家绝不会花这么多钱买个电子元件回来当摆设。黄仁勋从红杉那里融资到的 2000 万美元，七七八八都砸在了这个问题的解决方案上。

黄仁勋是这么干的：他们围绕 DRAM 搞了技术创新，大大降低了芯片需要的内存空间，这样就极大降低了昂贵 DRAM 的成本。黄仁勋本来以为这会给他们的产品带来差异化的竞争力，但到创业的第二年，因为韩国和中国台湾经济爆发性增长，电子和半导体产业大幅出口，使 DRAM

产量一下子暴增，其价格从 50 美元/MB 跳水到 5 美元/MB。这意味着英伟达为内存优化做的巨大投入完全打了水漂。

当时，黄仁勋和合作伙伴们都嗅到了市场行情的变化，为他们即将推出的首款芯片忧心忡忡。但丑媳妇早晚还是要见公婆，1995 年 5 月，英伟达的第一款产品 NV1 显卡经过两年研发，终于在全公司员工五味杂陈的目光中问世。NV1 确实是一款出众的产品，不但能做图形处理，还能播放音乐，甚至插上操纵杆就能秒变游戏机。但是，每个人心里都清楚，内存价格暴跌让 NV1 原本的绝对优势荡然无存，失去了参与行业标准制定的机会。

当时，市面上有两种常见的绘图渲染技术，分别是三角形和正方形绘图渲染技术。三角形绘图技术能更精确地绘制复杂形状，实现光滑效果，利用高效算法加速渲染。而正方形绘图技术更简单易行，但可能不够精确和逼真。

最终，由于英伟达采用正方形绘图技术的 NV1 落败，三角形绘图渲染技术成为主流。NV1 用起来不兼容，性能优势也算不上明显，但成本却很高，售价达到惊人的 399 美元，比其他品牌贵出一倍。可想而知，这款显卡被大多数厂商拒绝，销量十分惨淡。更糟糕的是，为了研发 NV1，英伟达几乎花光了前期拿到的所有投资，剩余的资金最多只能维持公司 30 天的运转。黄仁勋不得不裁掉了公司一大半的非核心员工，并许诺将来公司情况好转了，再聘他们回来。就这样，原本 100 多员工的公司，最后只剩下寥落的 30 来人。

车到山前必有路，柳暗花明又一村。就在这时，日本游戏公司巨头世嘉看上了英伟达的这款芯片，决定在自家的土星游戏机上用 NV1 芯片，成为这款芯片的最大客户。在世嘉的助力下，《VR 战士》成为首款在英伟达显卡上运行的 3D 游戏。

不仅如此，世嘉还想请英伟达帮忙开发自家下一代主机 Dream cast（传播梦想）的显示芯片，并爽快地给了英伟达 700 万美元订金。当时，这可是一家能在主机游戏领域与索尼、任天堂掰手腕的公司。靠着世嘉的这份巨额显卡合约，英伟达才没有倒闭。

然而，这款代号为 NV2 的游戏显卡，最终还是以失败告终。早在显卡开发之初，世嘉便发现英伟达的二次方程贴图技术存在一定缺陷，想改用多边形立体技术进行后续开发。简单来说，二次方程贴图技术就是通过二维图像贴图实现三维效果，多用于创建复杂纹理和细节。而多边形立体技术通过几何形状建模，主要用于构建三维模型。

但是，执拗的黄仁勋拒绝了世嘉的建议，依然坚持原来的解决方案。没过多久，微软发布了 Windows 95 操作系统的图形接口 Direct3D。经过一年多后，黄仁勋和整个团队才发现，英伟达采取的是被微软淘汰的标准。数十万块显卡，一夜之间报废。

这样一来，英伟达彻底陷入了进退两难的境地。如果将项目进行下去，开发出和主流市场不兼容的显卡，公司会破产；如果不进行下去，那就完不成合约，公司还是会破产。总之就一个结局，区别只在于这个结局来得快点儿还是慢点儿。

这件事让黄仁勋陷入了巨大的痛苦和自责中，因为是自己的错误判断把全公司都拖下了水。但黄仁勋知道，他只能静下心来直面残酷的现实，就像小时候输掉乒乓球大赛一样。经过几天的心理斗争，他终于鼓起勇气联络了世嘉执行长，向他道歉并解释英伟达的发明是错误的，他们无法完成合约以及游戏主机，并建议世嘉寻找其他合作伙伴。

此时，面前的世嘉执行长脸色已经很难看，黄仁勋顿了顿，还是很难为情地挤出这句话："我们必须停下来，但我需要世嘉全额支付我们的费用，否则英伟达将无法继续经营。"要知道，NV2芯片研制失败，直接影响到了世嘉出新机Dream cast，后来世嘉在游戏主机界乱战中败北，也多多少少有英伟达的责任。但令黄仁勋惊讶的是，对方竟然同意了。就这样，黄仁勋的谦卑道歉和世嘉的慷慨大度，又一次保住了几乎要倒闭的英伟达。

在跟自己唯一的客户解约后，英伟达能不能活下来仍然是个未知数。当时，英伟达账上的资金只能支持9个月，如果在这期间内拿不出来卖得好的新产品，英伟达就只能关门大吉了。在接下来的日子里，黄仁勋用一次豪赌，把英伟达从生死线上拉了回来，撑到了Windows 95曙光时代的到来。

2. 起死回生，押注PC新品爆卖

1996年，处于内忧外患之中的英伟达再次面临生死关头。

在英伟达成立后的几年间，图形芯片公司已经从20多家暴增到近百家，图形芯片领域成为一片红海，这里面还不乏成熟的大公司以及资金、技术更强的初创公司。对英伟达来说，引以为傲的新技术已经被淘汰，竞争者陡然林立，更加残酷的事实是——公司马上就要没钱。

在一个风和日丽的周末，英伟达办公室的气氛却让人窒息。三位创始人面色凝重地坐到桌前，商讨英伟达下一步该怎么走。公司从业界先行者落得现在的困局，每个人都有不可推卸的责任，自然是免不了一阵狂风暴雨的争吵，三个人还差点儿打了起来。但最终，他们还是达成了一些共识：英伟达此刻的技术已经落后，只能放弃。但是，三人都不想靠模仿其他公司的产品活下去，英伟达必须开疆拓土，寻找一条自己的路。

回到家之后，黄仁勋绞尽脑汁地去想解决方案，想来想去，还是落脚到底层逻辑和自己的初心上面——一是人们追求美的趋势不会变，二是图形计算必然是计算机的未来。虽然英伟达当时是行业的最后一名，但也最容易依据别人的策略触底反弹。

最终，黄仁勋将英伟达的战略从游戏主机转向PC市场，放弃多媒体加速芯片的研发，转而专注于PC专用的2D和3D显卡，以此降低研发成本。结果好巧不巧，黄仁勋押注PC市场，与1996年计算机产业的重大发展机遇撞了个正着。

1996年，微软推出了Direct3D API标准，为开发者提供了一个更高效和灵活的3D图形编程工具。同时，英特尔也推出了AGP（Accelerated Graphics Port，即加速图形端口）接口，通过提高显示卡与主板之间的通信速度，优化了3D图形的性能和质量。这些巨头的新动作推动了3D图形技术的发展和计算机硬件的进一步升级，也给所有芯片厂商出了一道选择题。

这里我们稍微解释下微软、英特尔与芯片厂商的关系。微软和英特尔作为计算机行业的领导者，有庞大的用户群体和市场份额。一方面，英伟达等芯片厂商作为硬件供应商，按照计算机行业龙头的标准来做芯片，才能与主流系统兼容；另一方面，微软和英特尔在计算机领域有深厚的技术积累和创新能力，芯片厂商与他们合作可以获得先进的技术支持和指导，一起推动芯片技术的发展和创新，缩短产品研发周期，提高产品的市场竞争力。微软和英特尔还拥有庞大的生态系统，包括软件开发工具、操作系统、应用软件等，跟着这些巨头的标准走才能融入生态系统，与上下游合作伙伴打造完整的解决方案，扩展产品的应用范围和市场接受度。

这些道理现在谁都懂，但在当时图形芯片行业最初的混沌期，大多数芯片厂商面对新的行业标准还是会担心风险。但黄仁勋却带领英伟达大胆拥抱新规，笃定微软会成为 PC 操作系统的霸主。黄仁勋也是真的吃够了违背巨头标准的亏，在经历了 NV1 的勉强度日和 NV2 的胎死腹中之后，他意识到英伟达这次一定要紧跟行业大佬的步伐。于是，英伟达和游戏开发者联盟一起制定了 Direct3D 的主要规则，并推出首款支持 Direct3D 的 Microsoft DirectX 驱动程序。

简单来说，Direct3D 是一种可以让计算机更好地处理和显示 3D 图形的工具。而英伟达的这款驱动程序，可以使计算机更好地理解和使用 Direct3D，让 3D 图形在计算机上显示得更快、更流畅。这对于当时需要大量处理 3D 图形的游戏和多媒体应用来说，无疑非常重要。英伟达也因此受到微软的垂青，在微软带动下和下游众多厂商结成了伙伴，为后来的合作发展奠定了基础。

接下来，黄仁勋决定大刀阔斧地按照微软和英特尔的新标准来设计英伟达的下一款芯片。他很快从游戏设计公司晶体动力挖来大卫·柯克博士担任首席科学家，并组织了一个庞大的研发团队。这位大卫·柯克博士曾是晶体动力的材料和光学技术部经理，拥有深厚的背景和丰富的经验，他带领团队拿下的超分辨率增强等项目成果，在整个科学界都有广泛影响。

兵马既备，这场关乎生死的硬仗究竟怎么打？黄仁勋认为，对当时的英伟达来说，要想在芯片界扎稳脚跟，只能抛开成本，直接从用户需求出发，设计出最强大的显卡。这时，黄仁勋已经调整好心态，为造出这款显卡做出创业以来的第一个疯狂押注。这个想法有多疯狂呢？合伙人连同董事会都直呼黄仁勋疯了。

当时在 3D 绘图领域的挑战是，必须先把晶片制造出来，才能写软件，如果发现晶片有漏洞，就要返工修改后再拿去生产，这种开发周期大约需要耗时两年。但当时的英伟达哪里有两年时间可以折腾！公司剩下的资金只够再活 9 个月。

黄仁勋的解决方案是拿钱去投资一台名为 i-codes 仿真器的机器，这台冰箱大小的机器相当于一台芯片模拟机，能够在生产晶片前就开始写软件，还能测试所有功能以保证产品完美，同时缩短开发时间。但这台机器需要花费英伟达 3 个月的资金，也就是说，买完机器公司寿命就只剩下 6 个月。

并且，生产这台机器的公司也着实不太靠谱。黄仁勋给这家公司打电话的那天，这家叫 Icons（图标设计）的公司正准备关闭歇业，因为他们根本没什么客户。也就是说，以前从来没有人用这台机器做过芯片，更别提成功做出芯片了。这个时候黄仁勋在电话里颇具戏剧性地来了一句："我可以买掉你们的库存。"

当时，在黄仁勋做出这一决定后，很多朋友都劝他再考虑考虑，说不定 9 个月的时间能拉到新的融资。而黄仁勋的回答却十分果决："我们筹不到钱了，我相信你，你相信我，但没人相信我们，市场上还有其他

90家公司，为什么会是我们呢？"黄仁勋没有别的选择，英伟达最缺的就是时间，买下这台机器是唯一可以翻身的机会。当时，黄仁勋力排众议，把公司为数不多的员工召集起来，告诉大家英伟达面临的严峻形势，准备全员奋战，孤注一掷。

最终，英伟达花费100万美元买下了这台机器，黄仁勋带领团队每天不眠不休地调整测试。软件团队在这台机器上编写了"虚拟原型"后，黄仁勋就和同事们坐在实验室里等待Windows绘图。这个过程相当缓慢和磨人，每帧需要等1个小时左右。

最后，在他们准备把产品送交制造样品时，黄仁勋再度做出让团队惊爆的决定："我们不做样品，直接量产。"这意味着，一旦这款产品在实际使用时有任何瑕疵，英伟达的经营也就到此为止了。而那时的黄仁勋也别无选择，因为公司账户上的资金已经无法支撑他完成打样，他还向制造商隐瞒了账上没钱了的事实。就这样，黄仁勋紧赶慢赶把产品研发周期压缩到了半年，终于在1997年4月发布了Riva 128。

Riva 128的代号为NV3，是全球首款128位3D处理器，可配合英特尔的LX芯片组主板使用。这次英伟达终于赶了个早集，Riva 128也是第一款支持微软Direct3D加速的图形芯片。它采用0.35微米生产工艺，搭载4MB，频率为100MHz的SDR显存，核心主频为100MHz，支持AGP 2X和PCI总线接口。这款新品还首次拥有硬件三角生成引擎，每秒能生成500万个三角形。

要知道，在3D图形渲染过程中，大量的几何形状都是由三角形组成的，因此三角生成引擎的速度和质量会直接影响3D图形的渲染速度和质量。英伟达的这种新技术,能够使个人电脑更加流畅地运行 3D 游戏和应用程序,极大地推动了 3D 图形技术的发展。

当时,市场主导者微软在 DirectX 中提出了 32 种渲染模式,Riva 128 仅支持其中的 8 种模式。黄仁勋开拓客户时说 8 种模式就足够用了,但实际上却背地里找遍了全球的游戏开发商,说服他们不要用其他 24 种模式,8 种模式就能制造爆炸或透明效果。一顿操作猛如虎,这款刚出襁褓的芯片产品才得以顺利卖到全世界。

事实上,即便是只支持 8 种渲染模式,英伟达的这款产品在业内也做到了跨越式颠覆。Riva 128 是世界上第一款超乎人们对绘图晶片想象的产品,是第一个材质填充率为每秒 100 万像素的深度缓动引擎。它的横空出世,才让全世界的游戏玩家玩到 640×480 的高分辨率游戏,支持层层交错的复杂物件及完全的透明合成,配上 i486 的 CPU 能够分担三角形的运算,让 3D 游戏跑到每秒 30 帧,速度是竞品的 4 倍!这款芯片问世 4 个月内就卖出了 100 万张,1997 年底,戴尔等厂商相继使用了 Riva 128 显卡,零售市场上也相继推出了基于此芯片的产品。至此,黄仁勋终于凭借 NV3 打了个翻身仗,在激活新兴 3D 市场的同时,也让整个硅谷乃至全球芯片圈无人不知英伟达。

其实,Riva 128 在当时也并不是打遍天下无敌手,与其同台竞争的还有 3dfx 于 1995 年推出的 Voodoo(巫毒),这是第一块真正意义的 3D 图形加速卡。3dfx 是一家专注于 3D 图形技术的公司,成立于 1994 年。这家公司成立的初衷和英伟达一样,他们希望以合理的价格,提供世界上性能最高的 3D 游戏显卡。

如果在 1997 年左右，你有一台具备 3D 加速能力的个人电脑，一般来说里面就有 3dfx Voodoo 显卡。在 Riva 128 问世时，Voodoo 显卡已经成为行业标杆，Riva 128 在图像质量上跟 Voodoo 有明显差距。

不过，英伟达通过后续的固件更新，很快使 Riva 128 输出的图像画质赶上甚至超越 Voodoo。Riva 128 的两个设计优势也逐渐显现出来：一方面，英伟达通过特殊的内存架构设计，使 Riva 128 能够输出更高分辨率的图像；另一方面，与 Voodoo 显卡不同，Riva 128 同时集成了 2D 和 3D 图形芯片，这样一来，插 Riva 128 的电脑就不需要一张单独的 2D 显卡来处理输出了。

对于英伟达呕心沥血打造的第一款爆品，黄仁勋不无自豪地说："Riva 128 是世界上第一个完全硬件加速的 3D 渲染流水线，从变换、投影、元素到帧缓冲区，都是完全硬件加速的。我们实现了纹理缓存，我们将总线限制和帧缓冲区限制提高到当时物理所能承受的最大值，我们制造了有史以来最大的芯片，使用了最快的内存。基本上，如果我们制造了那个芯片，就不会有任何东西能比它更快。我们也选择了一个成本点，明显高于我们认为任何竞争对手愿意承受的最高价格。"

在取得产品上的初步胜利后，英伟达继续牢牢跟微软站在同一个战壕。1998 年 5 月，英伟达与微软合作，在电脑游戏开发者会议上共同推广了 DirectX 6.0，当然，黄仁勋也展示了自家最新的 Riva 128 3D 显示芯片。DirectX 是微软开发的一套图形和音频应用程序编程接口，可以让程序员更容易地访问计算机的图形和声音硬件。DirectX 6.0 相较于之前的版本，在图形渲染和音频处理方面有了很大的提升，可以更好地支持 3D

游戏和多媒体应用。

英伟达和微软的合作无疑是一场多方共赢。DirectX 可以让游戏开发者更快速、更简单地开发出高质量的游戏，同时也可以提供更好的游戏体验给玩家。英伟达将不断推出新的显示芯片和技术，与游戏开发者、硬件制造商和其他相关公司合作，共同推动游戏产业的发展。

后来，Voodoo 显卡的存在还是让黄仁勋睡不踏实，于是他决定乘胜追击，推出一款比 Riva 128 还要强大的新品。为了最大限度地限制成本，保证显卡质量，黄仁勋决心为英伟达找一家靠谱的芯片代工公司。

这里我们做个简单的科普。全球芯片公司大概分三种：一种是从芯片设计到制造环节全都自己搞定，如英特尔和三星；一种是只做芯片设计和研发，制造由代工厂完成，如英伟达、AMD、高通等；最后一种是专注为芯片设计公司完成代工制造，自己不做设计，如台积电、中芯国际等。

关于英伟达找的这家芯片代工公司，还有一段广为流传的小故事。当时，芯片代工模式已被业界完全接受，台积电凭借在逻辑芯片、存储器芯片等领域的领先技术，逐渐成为全球半导体代工领域的领军企业。于是，黄仁勋惴惴不安地给台积电 CEO 张忠谋写了一封信，询问台积电能否替英伟达代工生产自己研发的芯片。那时候，台积电订单源源不断，但产能却很有限，台积电会愿意帮才成立两年的英伟达生产芯片吗？黄仁勋心里一点儿底都没有。

没想到，没过多久黄仁勋就在吵嚷的办公室接到了张忠谋的电话，他赶忙激动地对身边人说："快安静！Morris（张忠谋）给我打电话了！"

就这样，1998年3月，英伟达正式与台积电签约建立合作伙伴关系，由台积电负责代工英伟达的新一代图形处理器。从那时开始，英伟达和台积电的战略合作关系持续至今，而黄仁勋和台积电CEO张忠谋，也结下了一段近30年的忘年友情。

张忠谋年长黄仁勋31岁。在取得麻省理工的机械专业硕士学位后，张忠谋在全球知名的半导体公司德州仪器打拼了小半辈子，成为三把手。后来，张忠谋因为和德州仪器的高管产生分歧，于是辞职回台创办了全球第一家只做代工的半导体制造企业——台积电。他也被业界尊称为"半导体教父"。

黄仁勋曾多次表示："如果没有台积电，英伟达就不会存在。"可以说，是张忠谋帮助英伟达一步步成为世界上最重要的AI芯片设计公司。对黄仁勋而言，张忠谋亦师亦友，两个人祖籍都是浙江。后来，黄仁勋专门制作了同张忠谋合作经历的纪念漫画，写道："你的职业生涯就是一部杰作——贝多芬的《第九交响曲》。"随后，黄仁勋还大大方方"秀友情"，把它发在了英伟达的官方博客上。而张忠谋也难掩自己对黄仁勋的认可和喜爱，直言"我喜欢他"。两个人还在各种演讲上公开调侃、斗嘴，不亦乐乎。如今，张忠谋已经90多岁，这两位顶峰相见的忘年交惺惺相惜，带领两家芯片巨头互惠互利，成为业界的一段传奇佳话。

话说回来，台积电为英伟达代工的这款NV4名为Riva TNT（TNT,Trinitrotoluene，即三硝基甲苯），于1998年10月正式发布。TNT是一种烈性炸药，黄仁勋希望这款产品像炸药一样，引爆整个行业。事实上，TNT也果如其名，性能吊打Voodoo2。Riva TNT标准版的频率提高到 125MHz，采用了 0.25 微米制程，后期还采用了 0.22 微米制程的 NV6，频率得到进一步提升。这个系列被称为"3dfx 的终结者"，迅速赢得了消费者和一些原始设备制造商的青睐，销量随之起飞。

这里我们来科普一个芯片术语——"制程"。制程就是制造芯片过程中所遵循的程序和规则，是决定芯片性能的关键，就像建筑蓝图决定着大楼的设计、功能和性能。早期，芯片制程都是以微米为单位，比如英伟达这次推出的 NV4 就采用了微米单位的制程。如今，芯片制程已经缩小到纳米，且还在不断缩小，使芯片的集成度更高，性能更强，功耗更低，同时也带来了更高的生产成本和技术难度。

在 Riva 128 和 Riva TNT 问世后不久，刚开始顺风顺水的英伟达，又迎来一场更大的 PC 和游戏风口，这得益于 1995 年微软发布的 Windows95 操作系统。在 Windows95 之前，电脑的使用门槛相对较高，需要用户具备一定的编程和计算机知识，而 Windows95 提供了更友好的用户界面和更简便的操作方式，使更多人能够使用电脑，带动了 PC 销量激增。可以说，Windows95 开启了电脑图形化时代的新篇章，也奠定了微软在操作系统领域的霸主地位。

同时，Windows95 开启的电脑图形化时代浪潮，也一举奠定了英伟达现在的显卡霸主地位。随着操作系统的普及，越来越多的游戏软件开始涌现，游戏开发商们也在不断探索和开发更加逼真和流畅的游戏体验。图形用户界面的普及和游戏市场的繁荣，也让越来越多的用户开始关注电脑的图形性能。英伟达的芯片凭借优良的性能和兼容性，在游戏市场上获得了不少份额，后来被广泛应用在《异教徒》《半条命》《古墓丽影 2》《极品飞车3》等著名游戏上。1998年底，Riva 128和RIVA TNT成为众多OEM（Original Equipment Manufacturer，即原始设备制造商）喜爱的显卡，也得到了戴尔等大公司的重用。

也是在1998年，黄仁勋还发布了另一款Vanta（万塔）显示芯片，并以绝对的领先优势成为商用台式电脑市场的抢手货。Vanta采用先进的图形处理技术，提供流畅、逼真的视觉效果，支持多屏幕输出，并且能耗低、稳定性强，还具有高耐用性和抗干扰能力。当时，为了更好地推广Vanta芯片，英伟达积极与电脑制造商、显示器制造商等合作伙伴展开合作，将其先进的图形处理技术、显示技术等与合作伙伴的生产能力和市场渠道相结合，共同推动了商用台式电脑市场的发展。

凭借Riva系列芯片，1998年英伟达拿奖拿到手软。英伟达先是被《计算机杂志》（*PC Magazine*）评为最有影响力的3D显示芯片公司，接着被选进OpenGL结构审核委员会，Riva TNT还获得了《计算机杂志》的编辑选择奖，年终被FSA（Financial Service Authority，即英国金融服务管理局）评为世界上最受尊敬的私营半导体公司。

可以说，黄仁勋用短短两年时间，带领英伟达破釜沉舟打了一场漂亮的翻身仗，使英伟达一下子从行业落后者一跃成为领跑者。面临最困难挑战的时候，也往往是黄仁勋发挥最好的时候，他很清楚自己的优势在于对技术、经营及商务策略的了解，所以能够在纷乱的市场声音中看清发展方向。在这个过程中，黄仁勋"敢于豪赌"和"创造不同"的企业家特质淋漓尽显。对他而言，如果想要创造不同，就需要开辟自己的道路，而不是重复走别人的老路。在他看来，开公司的目的不是赚钱，而是创造不同，这样利润自然会来。

关于这次豪赌，后来黄仁勋说："当你下重注时，你实际上已经提前应对了所有可能的风险，这就是教训，一直到今天，我们都会提前谋划并模拟我们可以预见的未来。"在30年后的今天，我们恍然惊觉，这家加速计算公司真的已经强大到帮助无数企业在数字空间里模拟和操控现实，帮人类预见未来。

3. 成功上市，发明GPU重塑行业

凭借先前几款产品的热卖，英伟达彻底将过去的灰头土脸甩在了身后，也攒下了第一桶金。1999年1月22日，黄仁勋带着6岁的英伟达在美国纳斯达克交易所成功上市，并宣布以每股12美元的价格首次公开募股，股票代码为NVDA。

上市后不久，1999年2月，英伟达成功赢取了主要电脑OEM厂商的所有英特尔奔腾3（Pentium III）芯片的春季订单。当时，英特尔的Pentium III芯片是市场上最强大的处理器之一，英伟达拿到Pentium III订单向业界证明了自己的技术和市场实力。这一事件也标志着英伟达开始更加深入地参与到计算机硬件市场的竞争，为其后来成为行业领导者奠定

了基础。

1999年4月，英伟达再接再厉，推出了"英伟达显卡王朝"的基石产品——Riva TNT2，代号NV5。Riva TNT2采用了0.25微米制程，标准版的频率提高到125MHz，性能无人可及。后期Riva TNT2采用了0.22微米制程的NV6，频率进一步提升。当时，Riva TNT2主要被应用于计算机游戏和图形设计领域，凭借其强大的图形处理能力，成为当时许多游戏玩家和图形设计师的首选。同时，由于其高效的性能和稳定的运行，它也受到了企业用户的青睐，被用于CAD（Computer Aided Design，即计算机辅助设计）等专业应用。

从这代芯片开始，英伟达依靠众多衍生型号，开始做产品的市场化细分。在接下来的5月，英伟达成功售出第1000万个绘图处理器。在产品实现大步进阶后，英伟达开始积极和业内伙伴展开合作。

1999年7月，英伟达和SGI（Silicon Graphics Inc，即硅图公司）建立了策略联盟，这个联盟的建立是双方在图形处理器领域合作的一个重要里程碑。当时，SGI是高性能计算和图形处理领域的领军企业之一，在工作站和服务器领域占有强大的市场地位，而英伟达作为图形处理器市场的后起之秀正在迅速崛起。

具体来说，英伟达可以借助SGI在高性能计算和图形处理领域的市场地位和技术实力，进一步推广自己的GPU（专门用于处理图形相关的计算的芯片）技术。而SGI则可以通过与英伟达的合作，引入更先进的图形处理器技术，并扩大自己的市场份额。在合作中，SGI将自己开发的IRIX操作系统授权给英伟达使用，而英伟达则将自己的OpenGL驱动程序开源给 SGI 使用。此外，双方还合作开发了一款名为"Octane"（辛烷）的超级计算机。这次合作不仅实现了双方在技术和市场上的优势互补，也为图形处理器技术的发展和应用提供了更广阔的平台。

此时，英伟达已经在芯片市场站稳脚跟。不过，真正让英伟达崛起并彻底打败 3dfx 的，还是 1999 年 8 月发布的全球首款 GPU——极具行业里程碑意义的 GeForce 256 显卡。

GeForce 256 是业界公认的全球首款 GPU，它的诞生源自黄仁勋和团队又一次特立独行的创新。当时，芯片市场的基本格局是 AMD 和英特尔两大巨头对峙，而它们争夺的焦点是 CPU。在那几年中，英特尔的奔腾系列 CPU 和 AMD 的 Am386、Am486 系列 CPU 可谓你方唱罢我登场，打得不亦乐乎，其他企业只能坐看神仙打架。虽然随着 PC 和游戏机的普及，不少人认识到了图形处理的重要性，但大部分人认为这个任务应该由 CPU 而不是专门的图形处理硬件来完成。

但黄仁勋并不这么认为。芯片行业史上有一个大家都知道的趋势，那就是摩尔定律，CPU 的性能越来越强，很多计算任务原本由专有设备完成，但最终都被集成进了 CPU。在这个过程中，CPU 厂商加强了产品竞争力，消费者获得了更高的性价比，而原来这些专有厂商则被无情淘汰。当时的世界是英特尔 CPU 称霸的世界，英伟达想要与英特尔共存乃至对打，只能想办法创造独特的价值，杀出一条血路。

后来，黄仁勋果然想出办法绕开了巨头英特尔的吞并，他把英伟达和英特尔的关系形容为汤姆猫与老鼠杰瑞，"每当他们靠近我们时，我就会拿起我的芯片跑路"。

黄仁勋是这样想的：既然单独的CPU没办法独自支持真3D游戏，还要依靠图形加速硬件辅助，为什么不试试让图形加速硬件自己独立工作？在传统领域无法跟大厂竞争的话，不如索性彻底改写图形处理硬件的模式。

1999年8月，英伟达终于苦心研发出全球第一款图形处理器GeForce 256，走上了重塑行业的崭新道路。它和传统3D处理芯片最大的区别就是——GPU摆脱了和CPU的并行计算，成为一个独立工作的硬件，也就是如今俗称的独立显卡。GeForce 256是一款具有跨时代意义的产品，它不仅将显示芯片带入了GPU时代，也推动了电脑端游戏的发展，直接改变了业内的竞争格局。因为之前用"高端CPU+显卡"才能完成的工作，如今只需用"便宜点的CPU+GeForce 256"便能完成，而且流畅度还更好，等于花更少的钱办同样的事。GeForce 256在性能上做了多方面的重要改进，比如，将原本由CPU处理的3D渲染任务接管过来，采用了0.22微米制程制造的256-bit显示架构等。

这里我们不妨对主流的两种芯片做个简单的科普。所有芯片大致可以分成两种类型，通才和专才。CPU相当于通才芯片，可以执行各种通用普遍的计算任务。但是，如果我们想要更快地完成任务，就需要使用专才芯片GPU了。GPU就像精通某项技艺的资深工匠，专门用来处理图像和视频等大量的计算任务，让我们的游戏更加流畅，视频更加清晰。

更专业来说，GPU是一种在个人电脑、工作站、游戏机和一些移动设备（如平板电脑、智能手机等）上做图像和图形相关运算工作的微处理器，它可以帮助CPU分担一部分图形渲染、视频编解码等任务。

英伟达的这款 GPU 显卡不仅将 T&L 功能（Transform & Lighting，意为坐标转换模块及光源模块，是图形加速卡中的最大功能）整合到了其中，实现了独立于 CPU 的 T&L 处理，集成了立方环境材质贴图、顶点混合、纹理压缩和凹凸映射贴图、双重纹理四像素、256 位渲染引擎等先进技术，同时还设计了可编程的加速功能。总而言之就是：这款芯片强大到史无前例。

然而，纵然是众多创新和优势加身，GeForce 256 最开始发布时，这款黄仁勋的心血之作其实并不被市场看好。因为那时候电脑游戏和制图软件对图形处理的要求普遍不高，传统厂商认为专门搞一个 GPU 来处理图像是大炮打蚊子。后来，伴随 3D 射击游戏的爆火和 3D 电影特效的出现，游戏厂商才开始催促电脑品牌升级硬件，因为普通用户都在期待画面质量能更精致，图像刷新速率更高。

由于对高端 3D 游戏的支持能力远胜于当时流行的 3D 图形加速卡，GeForce 256 这才应声而起，迅速成为当时高端游戏市场的热销产品。由此，英伟达也成功拿下 3D 系列性能王冠，市场份额首次超越 3dfx。

说起 3dfx 的发展史，那真是高开低走，自毁家业。早在 1995 年，3dfx 公司就发布了全球第一款消费级 3D 图形加速卡 Voodoo，它支持丰富的 3D 功能、硬件加速雾化效果等，市场份额最高的时候达 85%。但后来 3dfx 拒绝支持微软的 Direct3D 操作系统，顽固地采用自家的 Glide API，技术迭代也逐渐跟不上趟。到 1999 年，3dfx 发布的 Voodoo3 从性能到效率都暴露出了明显的劣势。后来，为了进一步垄断市场，3dfx 还决定自己生产显卡，并收回对其他所有厂商的授权，这相当于断人财路！

3dfx此举直接让包括华硕、技嘉、帝盟等众多板卡厂商投奔英伟达，更加速了自身的衰落。

而在产品上，英伟达的GeForce 256凭借全新的设计理念和技术，在发布后不久就超越3dfx，成为GPU发明者。

此时，志得意满的黄仁勋也趁热打铁，用密集的广告攻势顺势将"具有集成T&L、三角形设置/裁剪和渲染引擎，能够每秒至少处理1000万个多边形的单芯片处理器"定义为了GPU。与此同时，图形任务处理器GPU的概念也在这时被业界熟悉和接受，并走向大众。

靠着GeForce系列产品的强劲性能及黄仁勋疾风骤雨式的公关宣传，英伟达逐渐成为GPU市场的胜利者和引领者。历史向来都是由胜利者书写的，时至今日，当我们在搜索引擎上搜索谁是GPU的发明者时，英伟达已经成为默认的答案。

但其实，在1999年英伟达发明GPU之前，GPU的发展历史可以追溯到1962年。当时，一位博士的画板程序奠定了图形学的基础。在随后的20年里，计算机图形学一直在不断发展，不过没有出现专门的图形处理芯片。1984年，知名计算机公司SGI推出了专业的高端图形工作站，有了专门的图形硬件，叫作图形加速器。在随后的10多年里，SGI又研发了很多图形工作站，但都是面向专业领域，价格昂贵，没法进入消费级市场。

基于这款拥有"王炸"性能的GPU，翅膀更硬的英伟达开始合纵连横，跟合作伙伴继续提升图形处理性能。1999年8月，英伟达和中国台湾半导体公司扬智科技（ALI,Acer Laboratories Incorporated）推出整合图形芯片技术。此次推出的整合图形芯片技术采用了英伟达的 GeForce 256 图形处理器和 ALI 的显示核心，两家公司把显卡和图形处理器像拼图一样拼在一起，形成了一个高效的图形处理系统。

这个系统就像一个超级大脑，能够快速处理复杂的图形数据，让电脑的显示效果更加惊艳。以前，需要一台笨重庞大的电脑才能享受到这样的效果，但现在，只需一台轻便的电脑就能实现。这项技术不仅降低了电脑的体积和成本，还让它变得更加实用和便捷。它能够支持当时流行的 3D 游戏和多媒体应用，让电脑在各个领域都能大显身手。自此，计算机图形处理技术迈上了一个新阶段，为我们的生活带来了更多的色彩和生动性。

随后的时间里，黄仁勋一鼓作气，继续马不停蹄推出新品。1999 年 11 月，英伟达基于 GeForce 256 设计并发布了全球最快的工作站 GPU——Quadro（方形住宅区）。这个单词是西班牙语中正方形的意思，又表示四的倍数，意为四倍效能。不久后，英伟达还推出了更强大的 Quadro Plex 系列。所谓工作站，其实就像是一个高级版的电脑，它比普通电脑有更强大的功能，比如在图形处理和任务并行方面有更出色的表现。它配有大屏幕显示器和很大的内存，可以处理大量的数据，显示更复杂的信息，帮助人们完成各种专业领域的工作。

当年，计算机图形处理技术正处于蓬勃发展的阶段，各种图形相关的应用程序不断涌现，如高级图像编辑、科学可视化、游戏开发等。而 Quadro Plex 系列显卡能够满足专业人士对于高性能图形处理的需求，更快、更轻松地处理图形密集的任务，因此，这些显卡很快成为网球鞋、汽车等各领域设计的标准。

到 1999 年底，英伟达的 GeForce 系列显卡已经在市场上占据了主导地位。可以说，1999 年是英伟达凭借 GPU 在业界一战封神的一年。这一年，英伟达获得电脑游戏者第五届年度游戏者大奖特别成就奖，黄仁勋被安永会计师事务所评为年度高科技企业家。

从创造 GPU，到后来一以贯之成为 GPU 领跑者，黄仁勋更愿意把这些成就归功于自己打乒乓球的心得："你要分析对手，还要分析自己。同时，每一天的游戏规则都不一样，你还要分析你目前这个位置的优缺点是什么，你竞争对手的缺点是什么，你要保护增强你的优势，攻击对方的弱点。"

4. 黄氏定律，群雄逐鹿一统江湖

黄仁勋推出的GPU产品一炮而红。与此同时，英伟达在业内的地位也水涨船高，收到众多友商的橄榄枝。

2000年2月，黄仁勋和以往的竞争对手S3 Graphics（旭上电子有限公司，简称S3）签署协议，共享彼此的专利技术。S3和英伟达一样，都是专门从事图形处理器设计的公司。通过共享彼此的专利，可以让双方集中精力投入研发中，更快地将新技术推向市场，提高产品的性能和降低成本，还可以共同应对来自竞争对手的挑战，确保自己在行业中的领先地位。

此时，GPU发明者英伟达在业内几乎只剩下一个劲敌，那就是加拿大显卡生产商ATI（Array Technology Industry，冶天科技）。可以说，

ATI 是 3dfx 后唯一能与英伟达在图形芯片领域掰手腕的公司。

ATI 于 1985 年成立，是当时全球领先的图形卡、视频设备和多媒体产品的提供商，其创始人叫何国源，也是华人。ATI 有多领先呢？这家公司成立次年就赚到了 1000 万美金，到 1992 年底，ATI 的营业额就已经突破了 1 亿美元，并在 1993 年上市，而此时英伟达还没有诞生。但其实，两家公司前些年一直相安无事，没有正面交锋过。这是因为 ATI 长年耕耘 OEM 和品牌机市场，而英伟达主打个人娱乐市场。说白了，早先 ATI 是看不上个人消费市场的。

但是，随着个人消费市场的迅速成长，ATI 也闻风而动，加入了零售市场的争夺。早在 1997 年，ATI 就曾推出过一款 3D 性能不错的 Rage 显卡，但这款显卡并没有超过当年的显卡之王 Voodoo。

当时间来到 2000 年，ATI 迫不及待放出大招，由此和英伟达展开了新世纪开端的首次交锋。2000 年 3 月，为对抗如日中天的英伟达 GeForce 256，ATI 推出了 Radeon 256（镭龙 256），连名字里的数字都跟英伟达针锋相对。这款显卡采用了 180 纳米制造工艺，拥有 3000 万个晶体管、2 条着色管线，每个管线有 3 个光栅处理器。它还搭配了 DDR 显存（Double Data Rate SDRAM，即双倍数率同步动态随机存储器），使用了节省带宽的 HyperZ（超 Z 技术），支持完整的 T&L 硬件，包括 Dot3、环境贴图和凹凸贴图。除了卓越的 3D 性能，Radeon 还具有出色的视频回放能力和高质量的画面品质。直至今日，江湖上仍有"A 卡（ATI 显卡）看电影、N 卡（英伟达显卡）玩游戏"的说法，正是来源于此。自此，ATI 的名号也一炮打响，两大厂商展开了旷日持久的激烈竞争。

此时，经历芯片行业多年混战的黄仁勋意识到，公司想要长久生存，必须寻求自身的竞争优势，要么芯片性能比同行更好，要么研发速度比他们更快。时值千禧年，黄仁勋向芯片巨头英特尔发起挑战，对标英特尔创始人戈登·摩尔的摩尔定律，提出黄氏定律，也称为摩尔定律的升级版。黄氏定律即英伟达的产品每6个月升级一次，功能翻一番，这样的技术更新速度比摩尔定律快了2倍。也就是说，黄仁勋打算用竞争对手无可企及的研发速度抢生意。

不愧是"硅谷最好斗的男人"，黄仁勋当即拍板，要拿出英伟达营业额的20%至30%搞研发，而在当时，一般美国科技业公司平均用来搞研发的费用仅占营业额的3%。

这些定律与其说是客观定律，不如说是竞争定律。黄氏定律的提出，也因为强调英伟达在图形处理器技术上的持续创新和进步，成为英伟达最强悍的技术背书。借着黄氏定律的冲劲儿，黄仁勋带领英伟达狂飙突进，基于首款GPU推出了丰富的产品线。

2000年4月，英伟达发布了全球第一个可每一条渲染线着色的图形处理单元GeForce 2 GTS，以每秒16亿的高值成为当时像素填充率最高的显卡。7月，英伟达发布了主流图形处理单元GeForce 2 MX，以高性价比和先进技术成为当时主流家用3D显卡的优选，同期还迭代发布了全球最快的工作站图形处理单元Quadro2 Pro，在之前性能的基础上实现了更流畅的视觉效果。

8月，英伟达发布了第一个10亿像素GPU GeForce 2 Ultra，能让两个图形处理单元一起高效地完成工作。同期，英伟达还发布了Detonator

3（雷管3），通过把驱动程序和应用程序接口合在一起，让开发者更容易使用GPU进行快速、高效的计算和渲染。这种创新技术不仅让英伟达的业务得到了增长，也为未来的图形处理和计算技术奠定了基础，为更多创新的应用程序提供了可能性。

就在黄仁勋深耕芯片产品，不断推陈出新的时候，技术实力和经验都十分领先的英伟达获得了巨头微软的垂青。2000年，微软为了进军游戏主机行业，与任天堂和索尼展开直接竞争，准备推出自己的游戏机，于是找上了英伟达。微软希望英伟达能为当时还是秘密项目的Xbox（X盒子）游戏机提供GPU，后来又把媒体通信处理器（MCP）的订单也给了英伟达。相信此时的黄仁勋免不了感慨，英伟达辗转多年后，又回到了最初想攻占的游戏机市场。

这里我们来科普一下，什么是媒体通信处理器？它连接GPU、内存和I/O（输入/输出）接口，能够让数据传输更快，处理更高效。简单来说，这个媒体通信处理器就像是游戏机的大脑，它负责处理和优化游戏的图形、声音和其他媒体数据，能够让Xbox更流畅地播放高清视频和玩网络游戏。

大金主微软为了让英伟达全力开发Xbox GPU，给出了总计5亿美元的合同，定金就直接给了2亿美元。要知道，当时英伟达一整年的销售额也就5亿美元。拿到微软大单后，英伟达的股价也噌噌往上涨。

此时，手握微软大单的黄仁勋意气风发，但他的目标远不止于此。在他看来，GPU的用途当然不只是游戏。图形市场足够大，只要有显示器和像素的地方，就有英伟达业绩增长的机会。

2000年10月，英伟达推出GeForce 2系列产品，这也是第5代3D图形加速卡，采用了0.18微米的工艺技术，大大降低了发热量，且工作频率提升到了200MHz。GeForce 2具备第二代硬件T&L引擎，减轻了3D处理时的CPU负担，具备完整的图形处理能力。这款芯片即使在次年迎战ATI的Radeon 8500，性能方面也是更胜一筹。

2000年11月，英伟达发布了全球首款笔记本电脑Gpu——GeForce 2 Go。它的推出标志着高性能图形处理技术在笔记本电脑上的应用，为移动设备带来了前所未有的图形处理能力。在GeForce 2 Go发布之前，笔记本电脑的图形处理能力比较弱，在笔记本电脑上玩高端游戏或者进行复杂的3D渲染，图形性能和效果很差劲。但是，GeForce 2 Go的出现改变了这一现状。它采用了与桌面GPU相同的Celsius（摄氏度）架构，并针对移动设备进行了优化，使笔记本电脑可以拥有更高的图形处理速度和更优秀的图形质量。

此外，GeForce 2 Go还引入了一些新技术，例如，硬件支持OpenGL和DirectX 7.0等图形标准，以及集成了内存管理器等。这些技术使笔记本电脑在图形处理上更加高效灵活，同时也为后续的移动图形处理技术的发展奠定了基础。总结来说，这款芯片问世后，人们能在笔记本电脑上享受到更好的视觉体验和工作效率，因此大受欢迎。

在整个2000年，英伟达和微软都处于"蜜月期"。但身为"GPU发明者"的英伟达已经今非昔比，占据了更多主动权和主导权。2000年11月，英伟达携手微软联合发布了DirectX 8技术，引发了一场显卡革命。DirectX 8技术是微软开发的一套多媒体应用程序接口，主要用于驱动多媒体，包括音频、视频、游戏、图形等方面。这项技术首次引入了"像素渲染"概念，同时具备像素渲染引擎（Pixel Shader，PS）与定点渲染引擎（Vertex Shader，VS），能够实现动态光影特效，而之前的硬件 T&L 仅能实现固定的光影转换。

也就是说，DirectX 8 使 GPU 真正成为可编程的处理器，程序员构建 3D 场景的难度将大大降低，可以很容易地营造出真实的水面动态波纹光影效果。DirectX 发布后，很快占据了计算机图形领域的权威地位。

而英伟达无疑是 DirectX 8 成功发布的主要贡献者之一。通过与微软合作，英伟达将其 GPU 技术集成到 DirectX 8 中，使游戏开发者能够更加方便地使用其 GPU 技术来开发游戏。这一合作不仅使英伟达的 GPU 技术广泛应用于游戏领域，也推动了微软 Xbox、电脑及整个游戏产业的发展。

2000 年，芯片史上还有一个绕不过去的惹眼大事件，那就是英伟达与 3dfx 之间关于图形技术专利和知识产权的法律纠纷，以及这场纠纷引发的收购事件。

前文我们介绍过，3dfx 早在 1996 年已经成为 3D 显卡和 GPU 制造领域的垄断者，他们开发的 Voodoo 系列 GPU，曾在游戏市场上取得过巨大成功。但是，随着市场竞争的加剧和自身策略的失误，3dfx 逐渐失去了领先地位，被英伟达赶超。

当年英伟达与 3dfx 交手时，发现双方有很多关于知识产权的争执。3dfx 称英伟达侵犯了他们的图形技术专利和知识产权，包括 3dfx 的 Voodoo 图形芯片和相关技术，于是向法院提起了诉讼。

但官司打到最后，还是英伟达赢了。不但如此，黄仁勋还顺手收购了这个厮杀多年、渐落下风的老对手。2000年圣诞节，英伟达与3dfx达成了和解协议，以7000万美元和100万美元的股票，将3dfx收购，并取而代之成为新的"显卡之王"。最终，3dfx黯然离开了图形商业领域，并将公司的知识财产和许多雇员卖给了曾经的对手英伟达。

经此一役，21世纪后的英伟达从此前的野蛮生长中脱颖而出，成为大家公认的图形芯片市场的领头羊。黄仁勋和合作伙伴们决定乘胜追击，继续从多维度加码，夯实自己的实力。

英伟达开始与OEM制造商建立紧密的合作关系。这些OEM制造商包括计算机制造商、工作站制造商和其他设备制造商，英伟达的GPU被整合到这些制造商的产品中，提供性能强大的图形处理能力，从而扩大了公司的市场份额，提高了产品的渗透率。这意味着英伟达的GPU不仅仅用于个人电脑，还被用在工作站、图形工作站和其他专业领域，这为英伟达打开了新的盈利空间，并降低了对个人电脑市场的依赖。同时，通过与OEM伙伴合作，在不同设备和计算机上使用英伟达的GPU，也大大提高了英伟达的品牌知名度和认可度。

如果说1999年是黄仁勋带领英伟达创造GPU的立身之年，2000年则是黄仁勋从图形芯片的蛮荒时代厮杀出来，以黄氏定律速度打败3dfx、ATI、S3等众多大小玩家的一年。自此，一些中小厂商无力应对行业竞争，选择淡出显卡市场。在这个过程中，大家共同推动了图形处理芯片的快速迭代和演进，并为行业后续发展奠定了基础。

不过，站在千禧年节点上，英伟达依旧面临几个"远近"强敌。所谓"近敌"，是说在GPU领域，ATI与英伟达开启两强争霸的格局。所谓

"远敌",是说整个芯片领域英伟达面对的竞争对手。英特尔这个全球最大的半导体公司,除了在 CPU 市场上占据主导地位之外,也在图形芯片市场上积极扩张,通过收购和自主研发推出了自己的图形处理器,并在市场上取得了一定成绩。英特尔在图形处理器的市场上跟英伟达相比还有些差距,但在 CPU 市场上的巨大优势为它在图形处理器市场上的发展提供了很大的帮助。

除了这些大公司外,S3、Matrox 等图形芯片厂商也在市场上占有一定的份额。不过这些公司的产品线相对单一,技术和市场份额都跟英伟达、ATI 和英特尔存在差距,不足为惧。

这一年,英伟达获得了《微处理器报告》(*Microprocessor Report*)分析家选择奖,被誉为"最好的 3D 加速器",获评了《商业周刊》全球第一半导体公司、计算机经销商博览会(COMDEX)"最有声望的产品"、《电子设计自动化杂志》(*CADENCE Magazine*)的编辑选择奖,成为《计算机杂志》评定的技术领头羊,被公认为整个硅谷发展最快的技术公司之一。

站在人类 2000 年的历史高峰,黄仁勋可谓生逢其时,和 20 世纪 90 年代信息技术浪潮中起家的一众优秀企业家站在一起,撑起了人类群星闪耀的新纪元。这些杰出人物包括苹果的史蒂夫·乔布斯、微软的比尔·盖茨、英特尔的戈登·摩尔、台积电的张忠谋、谷歌的拉里·佩奇等。

第三章

多面出击,争雄称霸

自 2002 年 NV30 产品败北,遭遇一系列重创后,2004 年到 2005 年的两年间,英伟达终于时来运转,产品成功碾压老对手,还接连达成了与暴雪、英特尔、索尼三家大公司的合作。此时,黄仁勋一直悬着的心也终于落了地,开始整装待发,迈向下个高峰。

1. 双雄争霸，微软反目分道扬镳

当时间迈过 2000 年，已成为图形芯片市场领导者的英伟达，依然在按照黄氏定律紧锣密鼓地开发新品。与此同时，黄仁勋在 2001 年 1 月接到了继微软之后的又一个大单——与苹果公司建立了联盟伙伴关系。

此时，苹果与英伟达的境况已悄然逆转，苹果迫切需要英伟达。在经历了 20 世纪 80 年代风生水起的高光时期后，出于市场竞争加剧、公司内部管理不善等原因，苹果在 90 年代陷入了低谷。2000 年，互联网泡沫破裂导致经济下行，到 2000 年下半年时，美国经济已经出现明显的下滑趋势。这时的苹果公司仅靠 iMac 和 iBook 两条主要的电脑产品线支撑，销量远低于微软，情况着实不容乐观。值得一提的是，苹果选择与英伟达合作的 2001 年，也是其历史上创新期的开端。

反观英伟达，公司刚刚推出的 GeForce 256 的图形处理器被公认为最先进的图形处理器之一，能够提供更高质量的图像和更流畅的游戏体验。当计算机行业迈入 2000 年，图形处理技术已成为计算机性能提升的关键因素之一，苹果公司很快意识到了这一点，这才找上业界老大英伟达。在合作过程中，英伟达为苹果电脑提供了技术支持和图形处理器供应，苹果电脑则将这些处理器用在了 Mac Pro、iMac 和 PowerBook（强力笔记本电脑）等产品上。

跟苹果的合作不仅让英伟达拿到了一笔巨款，也把英伟达的 GPU 随苹果电脑带到了千家万户，黄仁勋自然大喜过望。

2001 年 2 月，英伟达再次一鸣惊人。黄仁勋以最快的速度响应了微软最新的图形硬件标准，发布了第一款支持 DirectX 8.0 的 GeForce 3——这是业内有史以来第一个可编程的 GPU，能让开发者创建定制视觉效果。

在硬件上，GeForce 3 与 GeForce 2 GTS 没有太大差距，优势在于 DirectX 8.0 先进的 API 技术上。GeForce 3 内置的 nfiniteFX 引擎是业界首个完全可编程的 3D 图形芯片架构，其每个周期可处理 2 个纹理，最大像素填充率为 1.6g texels/s。通过顶点渲染引擎，程序设计师能够对特定物体甚至整个画面的每一个顶点指定特别的运算程序，而不需要 CPU 干预。因此，GeForce 3 大大提高了计算机在图形渲染、图像处理、游戏开发等方面的性能，开创了计算机图形处理技术新纪元。

同时，GeForce 3 的推出也让游戏开发者能够更方便地创建更逼真的游戏场景和角色，提高游戏的运行速度和画质，从而推动了计算机游戏产业的发展。当时，ATI 推出的 Radeon 系列显卡与 GeForce 3 同台竞争，其价格、兼容性和功耗方面表现较好，适合预算有限、需要多平台兼容性和节能需求的用户。而 GeForce 3 在性能方面表现更为出色，适合对游戏体验要求较高的用户。

GeForce 3 发布后，很快被戴尔、惠普、康柏、华硕和联想等全球许多知名的电脑和 OEM 厂商选用，满足了消费者对高性能图形处理器的需求，这款显卡也成为英伟达历史上最畅销的显卡之一。就在产品发布的这一年，GeForce 3 显卡先后被 E3 游戏评论家（E3 Game Critics）评为最好的电脑硬件，被 *PC Gamer* 杂志评为 2001 年最创新的产品，并获得《游戏开发》杂志的最创新奖等荣誉。

2001 年春天，英伟达一路开挂，发布了更强、更快的 GeForce 2 MX GPU 新品，GeForce 2 Go 被用于戴尔电脑的灵越 8000（Inspiron 8000）机型，Quadro2 EX 也被英特尔和康柏电脑公司选用在他们的高端工作站产品中。

5 月，英伟达宣布成为全球工作站图形处理单元最大的供应商，凭借其 TNT、GeForce、Quadro 等一系列高性能 GPU 产品，为工作站提供了强大的 3D 图形处理能力，这些产品在性能、稳定性和兼容性方面都得到了高度认可。同时，英伟达还发布了全球领先的专业图形方案 Quadro DCC，它具有更快的计算和渲染速度，支持多显示器操作，被广泛应用于 CAD、医学成像等领域。

2001 年 6 月，不断为英伟达探索新增长空间的黄仁勋，又在台式电脑上推出了一个能实时解码杜比数码的音频处理设备，这也是全球首次的尝试。杜比数码是一种高质量的音频编码格式，英伟达的这个设备能把杜比数码格式的音频转化为普通格式，这样就能实现在电脑等设备上播放。

也是在 6 月，英伟达在台北国际电脑展重磅发布了 nForce 平台，进军集成显卡市场。当时，显卡市场主要由英伟达和 ATI 两家公司主导。其中，ATI 主要生产集成显卡，而英伟达则以生产独立显卡为主。然而，随着计算机硬件的发展，消费者对图形处理能力的要求越来越高，独立显卡虽然性能强大，但价格较高，不适合更广阔的低端市场。

在此背景下，黄仁勋看到了集成显卡市场的机遇，推出了 nForce 系列芯片组。这款芯片组由两个主要部分组成：北桥芯片（IGP）和南桥芯片（MCP）。北桥芯片就像是一个大队长，负责协调各个部分的工作，它由 Twin Bank、DASP、GeForce 2 GPU 和 HyperTransport（超传输）四个小队长组成。每个小队长都有自己的任务：Twin Bank 负责内存管理，DASP 处理音频和视频，GeForce 2 GPU 提供图形处理能力，而 HyperTransport 则负责各部分之间的通信。

南桥芯片就像一个小队长，负责辅助工作。它提供了高速的存储和网络连接等功能，让数据传输速度更快，网络连接更稳定。nForce 系列芯片组的设计很新潮，它内部整合的图形核心可以与独立显卡一较高下，甚至在某些方面超越了独立显卡的性能。而且，它支持 DDR 内存，提供了高速的存储和网络连接等，可以提供更好的数据传输速度和更稳定的网络连接。

值得一提的是，在 2000 年初期，英伟达和 AMD 还是背靠背的结盟关系，因为那时候 AMD 主要做 CPU，跟英伟达没有竞争关系，更不用说AMD还是黄仁勋的老东家。也就是说，当时AMD靠英伟达对抗CPU王者英特尔，英伟达靠AMD对抗GPU劲敌ATI。

黄仁勋这次发布的nForce系列芯片组，就运用了AMD的HyperTransport连接总线，比起传统的PCI总线以及威盛电子股份有限公司（VIA）的V-Link接口带宽提高了许多。这就像在高速公路上开了更多的车道，车辆行驶起来更加顺畅。

总的来说，nForce系列芯片组就像是一个高效的团队，各个部分协同工作，提供了高性能、低功耗的解决方案，为消费者带来了更好的使用体验。更重要的是，英伟达的芯片组成功地把集成显卡的价格打了下来，这打破了ATI在集成显卡市场的垄断地位，也进一步稳固了英伟达在显卡市场上的地位。nForce平台发布后不久，就被国际大厂富士通公司采用了。

随后的8月，黄仁勋推出了全球第一移动工作站图形处理单元Quadro2 Go。Quadro2 Go的设计目的是满足专业图形处理的需求，例如，在移动工作站上运行3D建模、渲染、动画等复杂图形应用。

就在黄仁勋大举扩展产品线，忙得焦头烂额时，老对手却迎头赶上。也是在8月，ATI对标英伟达的GeForce 3芯片，推出了Radeon 8500，为ATI拿下"一血"。Radeon 8500的优势在于，它是全球首款完整支持DirectX 8.1的显卡。DirectX 8.1是当时最新版本的图形API，能够提供更好的图形效果和更高效的图形处理，因此在处理复杂的图形任务方面具有优势。无论是在性能、做工还是显示质量方面，Radeon 8500都盖过了GeForce 3，成为当时最畅销的显卡。

看到自己的地位受到威胁，黄仁勋赶紧出手又补了一刀，在8月发布了一款更强大的新显卡 GeForce 3 Ti 500。但是，尽管这款显卡性能有所提升，还是无法打败 ATI 的 Radeon 8500。所以，2001年，ATI 取得了最后的胜利。

在随后的数年内，两家公司在 GPU 市场上不断推出新产品，相互竞争，形成了两大巨头争霸的格局。除了技术竞争外，两家公司在市场策略上也有所不同，这也决定了两家公司最终的发展方向。就如前文所说，ATI 注重在 OEM 和品牌机市场的发展，对个人消费市场的重视程度较低。而英伟达则主要针对个人消费市场，逐渐发展成为一家全球知名的图形处理器制造商。

事已至此，接下来的产品线也已经排满，黄仁勋只能吞下这口气，跟老对手来年再战。2001年9月，为提供更快的 3D 图形处理速度和更高的图像质量，让用户在 PC 上享受到更流畅、更逼真的 3D 游戏体验，英伟达发布了 3D 图形处理单元的雷管 XP（Detonator XP）统一软件。这款软件基于 GeForce 3 图形处理器，支持 OpenGL 1.4 标准和 DirectX 8.1 技术，能够提供更高的图像分辨率和更细腻的图像细节表现。同时，它还具有优化的驱动程序和更强大的硬件加速功能，能够提高系统的整体性能和稳定性。

总的来说，Detonator XP 软件是一款具有里程碑意义的 3D 图形处理软件，它为数字娱乐行业和其他领域的三维图形渲染和可视化都提供了强大的支持。它不仅可以让电影特效制作师创建逼真的爆炸、火焰、水流等复杂的 3D 特效，为电影的战斗场景、灾难场景等增加视觉冲击力和逼真感，能让游戏开发者创建更加逼真、流畅的游戏画面，提高游戏的可玩性和视觉效果，还可以用于工业设计和建筑设计等领域，让设计师建立复杂的 3D 模型，通过渲染和可视化更加清晰地展示产品的外观、结构和性能等。

当时，英伟达和微软还是合作伙伴关系。很快，这款 Detonator XP 就得到了微软最新发布的操作系统 Windows XP 认证。与此同时，黄仁勋还发布了能够提供顶级游戏和多媒体体验的 GeForce Titanium（钛合金）系列产品，让用户在游戏中获得流畅、稳定的帧率，同时支持高清视频播放和录制、多屏显示等先进技术，为用户带来了极致的视觉享受和操作体验。

除了日夜兼程地研发新产品外，英伟达在黄仁勋的带领下，也逐渐生发出自己别具一格的企业文化和活动。2001 年 10 月 11 日，美国民众在"9·11"事件发生后都感到深深的震惊和悲痛，英伟达员工放弃了以往的节日派对，转而开展了一个名为"社区服务日"的活动。员工们自愿参与清理附近的公园、社区和学校，他们还为那些受到事件影响的人提供食物、饮料，送去关怀和安慰。

从那以后，这项活动便成为英伟达一年一度的传统，在每年 10 月的第二个星期六举行。随着时间的推移，"社区服务日"被重新命名为"Project Inspire"，也就是"激发项目"。如今，这个项目已经扩展到全球各地的英伟达办公室，每年都有更多的员工和社区参与其中，活动内容也延展到建设自行车道，为无家可归的人提供食物和衣物，为儿童提供教育支持等。"Project Inspire"已成为英伟达公司文化的重要组成部分。

2001年底,还发生了一件大事,英伟达最大的甲方微软终于在11月推出了游戏主机Xbox。这本来是件好事,但微软和英伟达却走向反目。

原来,微软使用英伟达显卡推出Xbox后,卖得并不算好。为了快速占领市场,微软开始使用低价策略,将Xbox的北美售价定在299美元。而这款游戏机采用的英伟达芯片市场售价高达329美元,比游戏机总价还贵不少。

于是,微软采购部的人来找黄仁勋,希望英伟达芯片价格也能便宜点儿。但是,黄仁勋不愧被称为"史上最任性乙方",他一口回绝了微软的砍价提议。黄仁勋也给出了自己的理由——这款芯片从设计到加工都很有难度,产品的良品率不高。而且,黄仁勋认为轻易降价有损英伟达的现金流。

最终,微软在首发Xbox上的成本远超预期,损失惨重。微软和英伟达也算是"结下了梁子",下一代Xbox 360直接改与ATI合作。这个事情发生后,英伟达一半的收入瞬间蒸发,股价也从70美元跌到了7美元。

先是产品被ATI碾压,忍气吞声,又在年终岁末跟最大的金主微软闹翻,黄仁勋心里当然很不是滋味。但好在总体来看,在游戏产业上行发展的助推下,2001年英伟达收获还是颇丰的。

2001年,英伟达拿到了众多合作、专业认证和诸多奖项。比如,去年发布的Quadro2 Pro被IBM的工作站指定为固定架构,并被惠普的专业工作站采用。这一年,英伟达入选了纳斯达克100指数股及标普500指数,成为美国股市中最重要的公司之一,还被《时代》周刊评为全球半导体行业的第一名，被 FSA 评为最受尊敬的以及财务管理最好的半导体公司，成为全球最快达到 10 亿美元营业额的半导体公司。而黄仁勋也在 2001 年入选《财富》杂志全美 40 岁以下最富有的人，位列第 12 名，成功跻身亿万富翁的行列。

2. 出货1亿，产品失手复合微软

伴随千禧年而来的游戏风口，让英伟达势如破竹，展翅腾飞。由于黄仁勋有意识地将 GPU 业务拓展到了游戏机和 PC 工作站等领域，英伟达的芯片得到了越来越多消费者的认可，因此销量大增。2002 年 2 月，英伟达的 GPU 出货量达到 1 亿，同时获评美国发展最快的公司。

当时，人们对于计算机、图形处理以及游戏画质方面的要求越来越高，黄仁勋针对老对手 ATI 的芯片性能和用户需求，开始了新一轮反攻。

2002 年 2 月，英伟达推出新一代图形处理器 GeForce 4，成功碾压了老对手 ATI 的 Radeon 8500，一雪前耻。这款芯片可以提供逼真的图像效果和流畅的游戏体验，它采用全新架构和技术，支持高效率反锯齿技术，显存采用 DDR 显存技术，还可以多个 GeForce 4 显卡同时工作。此外，GeForce 4 还支持 VPE 引擎（Video Processing Engine，即视频处理引擎），可以更好地处理视频信号，并且具有高清晰度电视输出等功能。最重要的是，GeForce 4 的性价比非常高，所以很快成为当时最主流的显卡之一。

当时，GPU 市场出现了多款性能强大的图形处理器，如迈创（Matrox）的幻日 512、威盛电子的 SavageXP、三维实验室（3D Labs）的 P10 等。这些处理器各有优劣，但都无法撼动 GeForce 4 在市场上的地位。同年 2 月，英伟达还推出了覆盖高、中、低端的 Quadro 4 系列工作站产品，以及英伟达播放和解码软件。

与此同时，黄仁勋为巩固英伟达在 GPU 领域的领先地位，瞄准了 GPU 编程语言。编程语言在 GPU 计算中有着至关重要的作用，它们可以更好地利用 GPU 的并行计算能力，从而加快计算速度。早期的 GPU 编程需要程序员直接操作寄存器，这就像直接操作电脑的内存条一样，需要很高的技术门槛，且开发效率很低。此时，市场亟须一些高级语言和编译器。

2002 年 6 月，英伟达应对市场需求，和微软共同研发和推出了一种叫作 CG（C for Graphics）的高级图形编程语言。这种语言专为 GPU 编程设计，面向 DirectX 8.0 或 DirectX 9.0 兼容 GPU 编写，其性能水平相当于或优于手工编码图形程序。简单来说，CG 语言就像厨师的助手，帮助开发者更快地做好图形渲染"这道菜"，让游戏和电影的图像效果更逼真，对于游戏开发、电影制作、虚拟现实等领域都具有非常重要的意义。同时，这项降本增效的突破性技术对于图形设计和开发领域也具有里程碑意义。

也是在6月，在黄仁勋的带领下，英伟达继续在图形计算领域向前精进，在游戏开发者大会上进行了名为"Dawn"（破晓/新时代）的创意演示，随即在芯片圈掀起一股浪潮。这次演示利用了英伟达的GPU加速技术来实时进行光照烘焙，是为宣传其GeForce系列显卡而开发。

如果把光照烘焙比作面包制作，在这个过程中，场景中的光线和物体表面的相互作用被计算出来，就像面包师在制作面包时需要考虑面团和配料的光泽、颜色和味道一样。通过光照烘焙技术，游戏和电影开发者可以制作出更加逼真、生动的场景和角色，让观众感受到更加身临其境的视觉体验。这种计算非常耗费资源，需要大量的CPU计算时间，而"Dawn"展示了如何利用GPU的并行计算能力来加速计算过程。同时，它还支持开发者用多台计算机的GPU资源更快地完成烘焙计算。

在大会现场，只见大屏幕上出现一位森林仙女，她扇动着半透明的翅膀，表情逼真生动，时而漫步在树林中，时而轻盈地飘落在花朵间，仿佛随时都会从屏幕中走出来。这次独具匠心的创意演示堪称英伟达在游戏开发领域的经典代表作之一，引起了众多游戏开发者的关注，它标志着英伟达GPU技术对游戏开发方式的革新。这种GPU加速技术为游戏开发者提供了一种新的工具和技术，帮助他们更快地完成复杂的计算任务，提高游戏的图像质量和性能。

虽然英伟达主攻芯片设计，但黄仁勋也十分关注芯片应用，他希望帮助芯片编程者、游戏开发者一起迎着游戏产业的崛起冲浪。2002年6月，英伟达推出"游戏之道"计划，旨在鼓励游戏开发者更好地利用GPU功能，让游戏更流畅、更逼真。英伟达为开发者提供技术和工具支持及专业的指导和建议，帮助他们更好地开发游戏。对于整个游戏行业来说，这堪称一次技术革命。

除图形外，黄仁勋也在着力布局全媒体解决方案。2002年7月，英伟达发布了一款数字媒体平台——nForce 2。这款芯片组是英伟达的第二代nForce芯片组，之所以叫它数字媒体平台，是因为它能提供音频、视频、图像等更加全面的媒体解决方案。

英伟达曾在2001年发布了第一代nForce主板芯片组，但硬件设计上稍有缺陷。而nForce 2虽然仍存在USB兼容性等问题，但这款芯片组在规格上非常前卫，支持双通道DDR显存、AGP8X、400MHz FSB等，整合了GeForce 4 MX级别图形单元，甚至还支持双网卡。除了性能上的提升，nForce 2还集成了更多的功能，如防火墙、网络加速、音频解码等。nForce 2已经不仅仅是一个主板芯片组，更是一个数字媒体平台，让用户眼前一亮。

更令人震撼的是，它还支持AGP 8X外挂显卡，这意味着用户可以通过外接高性能的独立显卡来提升游戏性能。这对当时的玩家来说无疑打开了一扇新的大门，使游戏趣味大大提高。nForce 2的出现也掀起了面向游戏玩家、个人和商业用户的台式个人电脑的性能革命，让人们看到了未来计算机的可能性和无限潜力。

2002年秋天，是属于黄仁勋的丰收之季，英伟达连发新品并大受好评。9月，英伟达发布了NV18和NV28 GPU，这是业界第一个支持AGP 8X规格的显卡，是当时业界最先进的技术之一。这项技术先进在哪里呢？AGP 8X 是一种如闪电般的数据传输接口，它让显卡和主板之间的数据传输速度飞驰起来。在那个时候，电脑游戏和图形应用程序需要较强的图形处理能力，以提供清晰、逼真的视觉效果和流畅的游戏体验。而 AGP 8X 就像一条高速公路，使得显卡能够更快获取和发送数据，从而提高了游戏的性能和稳定性。

此外，NV18 和 NV28 还采用了当时最先进的硬件 T&L 引擎和高速缓存等技术，让 3D 渲染速度更快，动画效果更流畅。它们为电脑游戏和图形应用程序的发展提供了更好的平台，同时也让游戏玩家能够享受到更逼真、更刺激的游戏体验。

10 月，黄仁勋发布了一款强大的新武器——移动 GPU GeForce 4 460 Go。这款芯片的核心频率高达 250MHz，能在处理复杂的图形运算时游刃有余。500MHz 的显卡频率带来超快数据传输速度，为流畅的游戏体验和高清视频播放打下了坚实的基础。

GeForce 4 460 Go 还配置了英伟达发明不久的 PowerMizer 性能，即能根据系统的实际需求动态调整 GPU 的频率和电压，实现功耗的最优化。此外，GeForce 4 460 Go 还配备了专用的视频处理引擎及高效的内存架构，能以超高的清晰度和流畅度为用户带来无比真实的视听体验，以超越以往的数据读写速度加快电脑的反应速度。

2002 年 11 月，对标几个月前竞争对手 ATI 发布的 Radeon 9700，黄仁勋发布了定位更高端的新款 GPU GeForce FX，代号 NV30。当时，英伟达宣称这款芯片为移动 GPU 中的速度之王、功能之最，被黄仁勋寄予厚望。

GeForce FX 是英伟达第一款采用 0.13 微米制程的图形加速核心,这也使其核心运行频率突破了 500MHz 大关。也正是由于 0.13 微米工艺,GeForce FX 整合了 1.25 亿个晶体管(Radeon 9700 是 1.07 亿个)。它支持 DirectX 9.0 技术,采用了全新的渲染引擎和更大的纹理缓存,支持 HDR、抗锯齿等多种先进的图形技术,能实现流畅的游戏体验和更逼真的图形效果。总的来说,GeForce FX 可以满足复杂图形应用程序的需求,如 3D 建模、动画制作等,更适合高端游戏娱乐和数字创意领域。

但是,晶体管数目的暴涨带来的直接后果就是功率以及发热的明显增大,GeForce FX 的功率达到 75 瓦,出现了运行温度过高、功耗过大、噪声过大的问题,甚至引发了多次自燃事故。玩家们很介意这个问题,戏称这款芯片为"吹风机",开始质疑显卡的稳定性和可靠性。高功耗也意味着更高的能源消耗,这对于消费者和整个社会来说都是不利的,所以当时英伟达的声誉严重受损。

从性能来看,竞争对手 ATI 热卖的 Radeon 9700 在性能、价格和兼容性等方面都表现出色,得到了市场和用户的认可。最终,这款 NV30 被对手的 Radeon 9700 打得一败涂地。

NV30 的失败对英伟达的经营造成了重创,一方面,玩家们对英伟达的信心大减;另一方面,英伟达的市场份额被竞争对手抢占,公司的经营状况变得困难。与此同时,英伟达员工还被曝涉嫌内部交易,受到美国证监会调查,这让投资者对英伟达的信任度大打折扣。此外,英伟达还面临着千禧年后互联网泡沫破灭带来的资金压力以及股市的大跌。

在重重打击下,2002 年末,英伟达的股价进一步下滑,市值从高峰期的110亿美元下跌到10亿美元。前不久还被称为"下一个英特尔"的英伟达，现在就像霜打的茄子。而黄仁勋自己，前一年还被评为40岁以下的40位富豪之一，以5.07亿美元的身价排在第12位，2002年他的个人财富缩水了90%，直接从"亿万"变成"千万"富翁。

不过，在这次失利背后，黄仁勋也有自己的苦衷。虽然最终英伟达和微软决裂，不再合作，但当时开发NV30的档期正好跟接微软大单相撞。黄仁勋十分看重这次合作，认为这关乎一个新的游戏主机时代，所以调动了一大半的研发人员去做微软的第一代Xbox项目，因此这款NV30就没有做到完美。

2002年可以说是英伟达渡劫的一年。饶是如此，公司也收获了一些成就。在计算机应用上，GeForce 4被联想公司采纳为"家庭数码港"产品的标准配置，GeForce 4 420 Go移动型GPU被联想公司昭阳V80笔记本电脑用作标准配置，GeForce系列GPU被多家知名刊物评为业界最好的产品。而牵扯英伟达巨大精力的Xbox游戏芯片，也不负众望地被评为"2001年度最好的游戏芯片"。

在接下来的2003年里，英伟达在游戏市场的广泛应用中不断迭代芯片性能，为玩家提供更精致的画面体验。这时，黄仁勋也终于意识到跟巨头微软对着干太吃亏，于是在2003年2月同意与微软合作并降低Xbox的成本。这直接为英伟达在2003财年带来4040万美元的额外收入。

2003年3月，黄仁勋推出了支持DirectX 9.0的图形处理单元NV31和NV34。这两款产品全面覆盖了高、中、低端的图形处理需求，可以提供更快的图形处理速度和更高的图像质量，还支持高级着色、动态模糊等最新图形技术，带来更逼真和生动的图形效果。

这年春天，英伟达和IBM建立起联盟伙伴关系，这是英伟达和巨头IBM的首次合作。2003年，IBM在全球IT（Information Technology，即信息技术）服务市场和微处理器市场都占据重要地位，其全球市场份额遥遥领先。英伟达将自己擅长的图形处理器设计能力，结合IBM超强的计算能力，为市场提供更强大、更高效的图形处理解决方案。同年，英伟达也与EA（Electronic Arts，即艺电）建立伙伴关系。EA作为全球知名的游戏开发公司，拥有第一人称射击、角色扮演、策略等多平台的各类型游戏，英伟达的GPU技术为EA提供了更优质的游戏体验，EA的全球销售网络和市场营销能力也为英伟达的GPU提供了更广泛的推广和销售机会。

2003年8月，英伟达还收购了无线领域图形和多媒体技术的领导者MediaQ。MediaQ成立于1997年，是一家领先的无线芯片制造商，专注于无线通信和多媒体处理技术的开发，其产品广泛应用于手机、平板电脑、数字电视等设备中，客户包括三菱、西门子、戴尔、惠普、飞利浦、索尼等。

当时，无线芯片的发展非常火热，它能让设备之间进行无线连接和数据传输。比如说，我们可以在不插线的情况下，用手机或者平板电脑连接到互联网，随时随地查看邮件、浏览网页或者看视频，这就是无线芯片在起作用。如今，无线芯片的应用已经非常广泛了，智能灯泡、智能电视等设备都可以通过无线芯片连接到互联网，实现远程控制，城市的交通信号灯、监控摄像头等设备也都可以通过无线芯片进行数据传输和控制。

收购 MediaQ 后，黄仁勋将其新技术整合到自己的产品中，扩展了其在无线通信和多媒体处理领域的产品线，以更全面的解决方案更好地满足市场需求，进一步推动了整个图形和多媒体技术的发展。此外，由于 MediaQ 拥有手机、平板电脑等完整的移动设备产品线和相关技术积累，在黄仁勋的长远布局中，这次收购更启动了英伟达进入无线移动市场的战略，为后续的移动游戏、移动计算等业务打下了坚实的基础。英伟达汲取 MediaQ 在 3D、影片、超低功耗及无线行动架构方面的技术后，在接下来的几年里针对迅速成长的移动与手持装置市场，提供了一整套产品发展蓝图。

2003 年，随着游戏产业的迅速发展，图形渲染引擎在游戏开发中扮演着越来越重要的角色。越来越多的游戏开发者开始采用专业的图形引擎来创建更加丰富和真实的游戏世界，开发者需要一种更高级的渲染工具来满足用户对视觉体验的高要求。黄仁勋敏锐洞察到了这一需求。

2003 年 11 月，英伟达发布了一款名为 Dusk（黄昏）的图形渲染引擎，它是一款能够实现突破性图形功能的高级渲染引擎。与此同时，英伟达还推出了两个基于 Dusk 的演示，分别是 Ogre（食人魔）和 Time Machine（时间机器）。

Dusk 引擎可以呈现栩栩如生的几何形状的头发、动态模糊效果以及基于时间的着色。这些功能在当时的计算机图形领域是非常先进的，而且对游戏和电影制作等行业也有着重要的影响。Ogre 可以实现更加逼真和自然的着色，包括肤色、汗滴、皱纹等细节。

而 Time Machine 能够根据物体在时间线上的位置来调整其颜色和亮

度，从而创造出更为逼真和生动的场景，让观众仿佛置身于其中。除了这些突破性的图形功能外，英伟达还展示了其他一些先进的图形技术，如高级动态模糊效果和高级几何形状的头发渲染，这些技术都为当时的计算机图形领域带来了重要的突破和创新。

2003年正值英伟达成立10周年，也是黄仁勋的不惑之年。2003年末，英伟达从以往的疲态中苏醒过来，市值从2002年末的12亿美元翻倍为25亿美元。这一年，英伟达被斯坦福大学商学院校友会评为"年度最佳创业公司"，GeForce FX被全球著名电脑厂商和装机商评为2002年最好的硬件。

十年漫漫创业路，黄仁勋也步步涅槃，把英伟达打造成了首屈一指的图形帝国。

3. 重登王座，拿下暴雪索尼大单

自 2004 年以后，游戏和专业绘图处理器技术保持持续的稳步增长。与此同时，GPU 的更多功能被挖掘出来，为英伟达带来更多的财富宝藏。

简单来说，互联网是一个 3D 立体的数字世界，而驱动这个世界里每帧画面不断运行成动画的，就是图形处理器 GPU。GPU 能够帮助人们在互联网世界里上天入地，无所不能。除了支撑游戏运行，GPU 当然还有别的更大的用处。

2004 年，黄仁勋就靠自家的图形处理器，帮助 NASA 重建了火星地形。当时，NASA 的火星勘测轨道飞行器拍摄了大量火星表面的照片，但是处理这些照片费时又费力。而英伟达的处理器能帮助 NASA 更快地处理好照片，科学家们不仅能在电脑上看照片，还能把"游者号"传输的数据在逼真的虚拟现实中实现渲染，更直观地了解火星的地形和地貌，为火星探索任务提供重要支持。可以说，这个项目展示了图形处理技术在科学研究和探索领域的无限应用潜力。

2004年，除了探索无垠太空外，人们手中的小小手机也有了巨大的进化，亟须更强的"心脏"支撑。当时，手机的功能越来越丰富，摩托罗拉等新款手机拥有了内置的摄像头和高质量的屏幕，外观也更加时尚。手机不仅可以打电话和发短信，还新增了拍照和播放音乐等功能。此外，随着移动数据业务的快速发展，手机可以更快地连接到互联网，使用更多的应用程序和服务。这些改进使手机成为人们日常生活中不可或缺的多功能设备，也为后来的智能手机发展奠定了基础。

在手机性能飞速发展时，媒体处理器成为重点改造对象，它是一种专用于处理音频、视频等多媒体数据的芯片。在2004年之前，手机里的媒体处理器处理音乐、视频速度比较慢，容易卡顿或延迟，还有耗电快、内存不足等问题，使用体验很不好。黄仁勋很早就意识到了移动手机市场的无限前景，他觉得计算机从桌面到口袋里是必然趋势，因此十分重视这一市场。

2004年4月，英伟达推出了一款专为手机设计的超低功耗媒体处理器，名叫GoForce（精视）。这款处理器非常厉害，可以支持视频、音频播放，还能拍照和玩游戏。它采用了先进的工艺技术，电量消耗非常低，手机续航更长。重点是它还很便宜，能很方便地集成到各种手机里。总结来说就是，GoForce让手机变得更强大、更实用、更实惠。

同样在 4 月，英伟达还发布了 GeForce 6 系列的产品，这个系列带来了公司历史上最大幅度的性能飞跃。GeForce 6 系列采用了新的渲染架构，使 GPU 能够同时处理多个任务，提高了渲染效率。这些显卡还支持 HDR 渲染技术，能够提供更逼真的颜色和光照效果。此外，GeForce 6 系列还提供了更好的兼容性和开发工具，使游戏开发者可以更容易地使用这些显卡来开发高质量的游戏。

在 GeForce 6 系列中，黄仁勋特意开发了一款力克老对手 ATI 的新品。2003 年 10 月，ATI 发布了他们的旗舰产品 FX 5950 Ultra。然而，尽管 FX 5950 Ultra 在技术规格上有所提升，但它并没有给市场带来太大的惊喜。作为对 FX 5950 Ultra 的回应，英伟达发布了 GeForce 6800 Ultra。这款显卡支持最新的 DirectX 9.0C，其性能明显优于 FX 5950 Ultra，并在市场上取得了很好的反响。

靠着 GeForce 6 系列，尤其是 GeForce 6800 Ultra 的成功，英伟达在经历了长达三年的寒冬期后，终于在 2004 年找回了自己的优势地位，以其强大的性能和先进的技术特性重新定义了高端显卡的标准。

在 2004 年，除了迅速崛起的游戏产业，电影产业及电影图形技术也在迅猛发展。当时，计算机图形学已经成为电影制作中不可或缺的一部分。2004 年 4 月，黄仁勋应对市场需求，推出了一款名为 Gelato（冰淇淋）的电影渲染器软件，它是业界首款硬件加速的电影渲染器。

Gelato 使用 GPU 来加速电影渲染，提高了渲染的速度和效率。这意味着，电影制作人员可以更快地把复杂特效添加到他们的电影中。Gelato 分为免费和付费两个版本，都能支持各种制作软件，如欧特克公司

（Autodesk）的玛雅3D动画软件（Maya）等。

除了支持各种制作软件外，Gelato还具有其他一些优点。例如，它可以在多GPU系统上实现高效的并行计算，使得渲染速度得到进一步提升。Gelato还具有很好的稳定性和兼容性，可以在不同的操作系统和硬件配置上稳定运行。这些新技术都对电影制作领域的发展产生了很大影响。

2004年5月，黄仁勋又针对笔记本电脑空间和散热问题，与一些领先的笔记本电脑制造商联合发布了一种名为MXM（Mobile PCI Express Module，即PCI-Express模块）的模块化显卡技术。MXM采用了模块化的设计，将显卡的核心部分与部分内存、供电电路、接口等部分分开，使显卡可以按需定制。这种设计使MXM显卡可以根据不同的移动设备进行优化，从而提供更高的性能。此外，MXM技术还支持多种图形标准，如DirectX、OpenGL等，可以满足各种游戏和应用的需求。

举个简单的例子，假设有一款新型笔记本电脑追求轻薄设计，但又需要高性能的图形处理能力。使用MXM技术，笔记本电脑制造商可以将显卡的核心部分与部分内存等分离出来，并根据实际需求进行定制。这样就可以在保持笔记本电脑设计轻薄的同时，实现更高的图形处理性能，以满足用户的需求。

单个GPU的性能提升毕竟是有限的。随着市场对GPU性能提升的要求，黄仁勋在产品革新之外，还在不断探索其他突破性技术。2004年6月，英伟达推出了一种名为SLI（Scalable Link Interface，即可扩展链路接口）的突破性技术，这是一种基于PCI Express（英特尔提出的总线和接口标准）总线技术的革命性图形处理解决方案，允许将多个GPU连接在一起，从而大大提升了单台个人计算机的图形处理能力。SLI 技术使得英伟达的显卡性能得到了大幅提升，推动了个人计算机图形处理技术的发展。这项技术在游戏、科学计算、虚拟现实等领域都有着广泛的应用前景。

2004 年 9 月，英伟达发布了一款名为 GoForce 3D 4500 的无线媒体处理器，它是全球首款支持 3D 图像和视频的无线处理器。

在英伟达发布这款无线媒体处理器之前，以前的媒体处理器主要依赖声卡和显卡来处理音频和视频数据，它们的处理速度相对较慢，且只能处理基本的音频和视频编码。此外，它们通常只能在特定的操作系统和平台上运行，缺乏可移植性和兼容性，容易受到病毒和黑客攻击。

而 GoForce 3D 4500 无线媒体处理器的出现解决了这些难题。首先，它支持 3D 图像和视频的无线传输和处理，使媒体处理的速度和效率得到大幅提高。以前无法在移动设备上实现的复杂交互式内容，如创建丰富、生动活泼的环境和造型，现在成为可能。其次，这款处理器提高了媒体处理器的可移植性和兼容性，支持 Wi-Fi、蓝牙等，可以在很多不同的设备上运行，让我们可以用手机、电视等更多设备来做更多的事情，实现更流畅的 3D 游戏体验、更真实的 3D 视频播放效果以及更高效的无线通信功能。GoForce 3D 4500 还支持多种操作系统和编程语言，方便开发者进行应用开发。

纵览 2004 年的芯片大战格局，CPU 战线上英特尔在对战 AMD，GPU 战线上英伟达"硬刚"ATI，两个战场上的战火都越烧越猛烈。这时候，黄仁勋开始合纵连横，迎来了和芯片巨头英特尔的首次合作。

英特尔自 1968 年成立起，一直都是全球半导体芯片领导者。当时，微软凭借操作系统的普及性和易用性，成为个人计算机的标准操作系统，而英特尔凭借 CPU 的高性能和可靠性成为个人计算机的标准处理器。微软操作系统和英特尔 CPU 的"Wintel"组合在个人计算机市场上占据了主导地位，几乎垄断了整个市场。

2004 年 11 月，黄仁勋和英特尔签署了授权协议。英伟达开发了一款采用英特尔 PCI Express 架构的显示芯片组，而英特尔也获得英伟达的授权，用上了英伟达的 3D、GPU 等先进技术。

搭乘大客户英特尔的快车，英伟达的发展被按下了加速键，羽翼不断丰满，技术日益精进。黄仁勋也是喜不自胜，官宣称，无论从系统水平还是游戏性能来看，英伟达与英特尔的"双英组合"都是无与伦比的。事实上，双方共创的显示芯片组确实也得到了市场认可，客户称其跑分最高，无数媒体将这二者称为梦幻组合。

然而，当时已贵为全球最大的芯片制造商的英特尔，还是隐隐看到了英伟达日后挑战自己的巨大风险，两家公司的爱恨纠葛延续至今。

2004 年是一个电脑、互联网快速普及的时代，游戏产业也一片向好。除此之外，当时各种电竞比赛也如雨后春笋般涌现，这些比赛不仅吸引了大量的观众，还吸引了赞助商的投资，为游戏产业的发展带来了新的动力。黄仁勋在这年迎来了暴雪等游戏公司的大单。

早在 20 世纪 90 年代，暴雪娱乐公司就预测到游戏产业的广阔前景，决定开发一款名为《魔兽世界》(*World of Warcraft*)的大型多人在线角色扮演游戏。这款游戏的世界观和剧情设定非常宏大，为了实现这个想法，暴雪娱乐需要一种强大的图形技术来提供逼真的游戏画面和流畅的游戏体验。于是，他们找到了英伟达来帮游戏开发者实现逼真的3D图形效果。

在英伟达的支持下，2004年11月，暴雪娱乐成功地开发出了《魔兽世界》，在美国、新西兰、加拿大、澳大利亚与墨西哥发行。这款游戏中的画面非常逼真，人物形象和场景设计都非常精美。在游戏中，玩家可以扮演不同的种族和职业，与其他玩家组队进行战斗、完成任务和探索秘密。同时，游戏还有丰富的剧情线和各种活动。

《魔兽世界》可以说是暴雪多年磨一剑的心血之作。这款游戏发布后，很快席卷全球，成为最热门游戏，赢得了众多玩家的喜爱和好评。《魔兽世界》的发布无疑是游戏界的一次里程碑式事件，它不仅为玩家提供了全新的网络游戏体验，也为后来的大型多人在线角色扮演游戏树立了榜样和标准，让玩家们可以在逼真的游戏世界中尽情地探索、冒险和社交。

在与顶级游戏公司的合作和磨合下，英伟达的游戏芯片越发驾轻就熟，炉火纯青。2004年11月，英伟达发布了顶级DX10游戏显卡8800 GTX。为什么说是顶级游戏显卡呢？

首先，8800 GTX采用了先进的DX10图形技术，支持全局光照和动态阴影等高级渲染技术。举例来说，当玩家在游戏里开枪射击敌人时，子弹击中目标时产生的烟雾和火焰效果非常真实。它还支持英伟达自创的SLI技术，可以通过多张显卡并联来进一步提升性能。比如，在玩大型多人在线游戏时，就可以在最高画质下仍然保持流畅的游戏体验，不会出现卡顿或延迟的情况。

此外，8800 GTX 还引入了一系列创新技术，如英伟达的 PureVideo HD（PureVideo 高清解码技术），通过硬件加速技术提供了高清视频解码和优化功能；采用了全新的流明引擎，使游戏画面更加明亮和鲜艳。它还配备了很大的内存，可以存储很多图像数据；它的制作工艺很先进，可以很好地控制功耗和温度。

这些突出性能，让 8800 GTX 当之无愧地成为当时的顶级游戏显卡，其性能和品质都超过了同时期的其他竞争对手。8800 GTX 发布后，在市场上得到了广泛的认可和赞誉，许多游戏玩家和专业人士都盛赞它是当时最强大的游戏显卡之一。

2004 年，在黄仁勋的带领下，英伟达花式打磨小小的芯片，为手机、电影、游戏、电脑等提供了强劲动能。这一年，英伟达被《财富》杂志评为"最适合工作的 100 家公司"之一，被《连线》杂志（WIRED）和《商业 2.0》（Business 2.0）评选为美国最快成长的科技公司之一。GeForce 6800 Ultra 和 GeForce 6800 GT 被誉为驱动当年大火的《毁灭战士 3》游戏的最佳芯片。11 月，无生产线半导体协会还向黄仁勋授予了 2004 年度"张忠谋博士模范领袖奖"。

反观竞争对手 ATI，却在 2004 年和英伟达竞争最激烈时，因创始人何国源遭遇财政丑闻卸任 CEO 而群龙无首。恰逢这一年英伟达发布的 GeForce 6800 性能强劲，风头盖过同期的 ATI R420，缺少主心骨的 ATI 在之后的几个新产品回合中总是被压一头，已经开始明显出现走下坡路的势头。

继 2004 年拿到游戏巨头暴雪娱乐公司的大单后，2005 年初，英伟达又宣布为索尼的家用电视游戏主机 PlayStation 3 开发绘图处理器。在此次合作中，英伟达只负责设计，索尼负责制造该绘图处理器。

在 PlayStation 3 中，英伟达的 GPU 被用于提供高质量的图像渲染和图形处理，实现了更快的帧率和更高的图像分辨率，为玩家提供了更好的游戏体验。除了提供图像处理能力外，英伟达的处理器还为 PlayStation 3 提供了高级音频处理和视频解码，为玩家提供了更清晰、更逼真的声音和视频效果。此外，处理器还支持网络游戏和在线多人游戏，让玩家可以与其他玩家进行互动和竞技。

通过与索尼的合作，英伟达进一步巩固了其在图形处理器市场的领先地位，这一合作标志着英伟达在游戏机市场的重大突破和重要布局。

从英伟达的动作和布局可以看出，在专注研发 GPU 产品的同时，黄仁勋还十分注重提供完整的平台解决方案，也就是将 GPU 与其他组件结合，构建高性能的计算机系统。为了实现这一目标，英伟达提供了多种产品和服务，包括适用于不同应用场景的 GPU 产品线、芯片组和主板等，包括桌面显卡、移动显卡和嵌入式显卡等。这些产品和服务可以搭配使用，使用户根据需要构建出高性能的计算机系统。

对英伟达来说，实现平台解决方案的最佳方式就是收购。2005 年 3 月，英伟达成功收购了总部位于中国台湾的核心逻辑技术开发商宇力电子（ULi Electronics）。宇力电子是一家知名的核心逻辑芯片组开发公司，擅长开发各种不同类型的应用芯片组，以满足不同客户的需求。其产品被广泛应用于台式机、笔记本、服务器等计算机设备中，同时也在通信、消费电子等领域有着广泛应用。

收购宇力电子对于英伟达来说可谓一石三鸟。首先,英伟达借助其核心逻辑技术,进一步巩固和扩大了自己在图形处理器市场的领先地位;其次,宇力电子的亚洲背景和资源也有助于英伟达更好地进入中国台湾等亚洲市场,拓展其业务范围;最后,通过收购宇力电子,英伟达可以提供更完整、更全面的平台解决方案。这就完成了黄仁勋实施平台解决方案策略的重要布局。

也是在3月,去年痛失桂冠的ATI奋起直追,推出了X1800系列,这是他们对高端市场的又一次冲击。X1800系列在技术规格上有了显著的提升,支持了最新的DirectX 9.0C,晶体管数量翻倍,并首次采用了90纳米工艺。这些改进使得X1800系列的性能有了显著提升,足以与英伟达的GeForce 6800 Ultra匹敌。

然而,仅仅几个月后,英伟达便针锋相对地发布了7800 GTX。这款显卡配备了512MB的大显存。在当时,由于显示器分辨率的提升,显存的需求也随之增加。而512MB的显存使得GeForce 7800 GTX的性能有了显著提升,足以压制其竞争对手。在这样的竞争态势下,ATI虽然在X1800系列上取得了不错的成绩,但在与英伟达的竞争中仍然处于下风。就这样,英伟达在2005年下半年夺回"卡皇"宝座。

自2002年NV30产品败北,遭遇一系列重创后,2004年到2005年的两年间,英伟达终于时来运转,产品成功碾压老对手ATI,还接连达成了与暴雪、英特尔、索尼三大公司的合作。此时,黄仁勋一直悬着的心终于落了地,开始整装待发,迈向下个高峰。

4. 行业洗牌，押注CUDA构建生态

2006年，为了满足不断变化的市场需求，继续发展并巩固自身在图形处理领域的领先地位，黄仁勋带领英伟达不断在产品和技术上推陈出新。同时，英伟达也在不断开疆拓土，揽获新的合作伙伴。

2006年3月，英伟达收购了软件公司Hybrid Graphics（意为混合图形）。Hybrid Graphics于1994年成立于芬兰，当时在业界备受推崇，主要为手持设备开发嵌入式2D和3D图形软件。通过这次收购，Hybrid Graphics的技术和产品被纳入英伟达的嵌入式图形解决方案中，使英伟达更好地适应了移动设备市场的需求，可以更好地支持手机、平板电脑等设备的显示效果和运行速度，为用户提供了更好的体验。

2006年，英伟达和老对手ATI的战事依然胶着。3月，针对ATI的新产品，黄仁勋又重磅推出了一款顶级电脑显卡7900 GTX。这款显卡基于90纳米工艺的G71图形核心，内建24条像素渲染管线和8组顶点处理引擎，具有512MB/256bit的显存规格，工作频率为650MHz/1.6GHz，被视为7800 GTX 512MB的合格接班人。

在众多的测试中，7900 GTX的表现都超过了7800 GTX 512MB。然而，在与竞品X1900 XTX的对比中，7900 GTX并未展现出压倒性的优势，这两款显卡基本上属于同级别的产品。不过，7900 GTX拥有90纳米的制造工艺、相对较小的功耗和发热量，在同级产品中售价也比较低。当时业界普遍认为，这款新产品很有可能成为未来一段时间内最受欢迎的顶级显卡。

这一年，英伟达的GPU被广泛应用于游戏笔记本、商务笔记本等各种类型的笔记本中，在笔记本GPU市场的影响力和竞争力大增。2006年第一季度，英伟达在笔记本GPU市场的市场占有率，从2005年四季度的25%一路飙升至40%。

然而，黄仁勋并未满足于此。仅仅过了3个月，也就是6月，英伟达又发布了新的旗舰产品——7900 GX2。这款显卡一举击败了对手ATI在2006年推出的X1900 XTX。但是，其巨大的功耗和799美元的售价让大多数消费者望而却步。尽管如此，7900 GX2仍然成了当时市场上的一款重要产品，它的出现进一步巩固了英伟达在高端显卡市场的地位。

这边黄仁勋和联合创始人们还在苦心谋划下一步怎么跟ATI打，却听到了宿敌被收购的消息。2006年7月，一件震荡芯片界的大事件被曝出——AMD 斥资 54 亿美元收购了 ATI。

在 2006 年，ATI 确实遭遇了困境。公司投入了大量的资金用于研发和生产，但是市场反应并不如预期，导致 ATI 财务状况逐渐恶化。再加上英伟达的步步紧逼，一度将 ATI 逼上绝境。在这之前，关于 ATI 将被收购的流言已在坊间疯传开来。

但其实，黄仁勋对这件事并不意外，因为 AMD 最早是想买下英伟达的，早就来找过黄仁勋。但黄仁勋哪肯随随便便把多年心血转手让人，而且英伟达当时在 GPU 领域是很有底气的。黄仁勋当时就说，被收购可以，但他坚持要在公司合并之后做 CEO。双方谈崩以后 AMD 才买了 ATI。

AMD 收购 ATI，并不是财大气粗拓展业务的架势，而是被逼无奈下的破釜沉舟之举。当时，英特尔跟英伟达还有 ATI 都签了合作，拥有了 CPU 加 GPU 的集成主板。虽然这种集成主板在高端设备的大型单机游戏上跑不过独立显卡 GPU，但对于中、低端设备来说完全够用。所以，当时英特尔活得还比较滋润。

而作为英特尔一直以来的最大竞争对手，AMD 高层就很焦虑了：自己在 CPU 上争不过英特尔，在 GPU 上也被英特尔占尽了先机。同时，AMD 也很清楚，GPU 会是未来的发展趋势，于是下狠心决定要买下市面上最好的 GPU 供应商。这样一来，拿下 ATI 的 AMD 就成了当时全球唯一一家有能力研发且生产 CPU 和 GPU 两种芯片的厂商。

从行业竞争格局来看，AMD 收购 ATI，无异于芯片行业大洗牌！在这次收购事件之前，AMD 主要生产 CPU，和英特尔竞争；ATI 则专注于 GPU 市场，跟英伟达对战。而现在，AMD 要在 CPU 和 GPU 两条线上分别与两个强敌英特尔和英伟达竞争。要知道，在此之前 AMD 可是英伟达的盟友，AMD 平台芯片组有 90% 都来自英伟达。而现在，AMD 获得了 ATI 的图形技术，和英伟达从合作伙伴变成了竞争对手。

对于这次收购，黄仁勋还是很开心的。他笑称："这简直是天上掉馅饼一样的礼物。ATI 基本上已经认输了，我们已成为世界上唯一一家独立的图形芯片公司。"

据说，在收购 ATI 之前，AMD 自有现金只有 30 亿美元，只能靠举债完成并购。被债务拖累的 AMD 在 CPU 和 GPU 两条线上分别与不同的强敌竞争，这就给专攻 GPU 市场的英伟达带来了宽松的发展环境。事实上，ATI 为了增值，在被收购前把一众老牌的显卡芯片商还有核心技术都买了个遍，而 ATI 自身技术又不及英伟达，这就把 AMD 坑惨了。后来，AMD 因分身乏术卖掉了自家的晶圆厂，负债到 2010 年才降下来。

AMD 收购 ATI 之后，选择了扩大市场份额来提高整体竞争力的策略，把重心更多地转向中、低端市场，性能端渐渐落后于英伟达。所以，英伟达逐渐掌控了高端市场，AMD 的 GPU 则成了性价比的代名词。以前在中关村或华强北配电脑玩游戏，老板都会问一句要"N 卡还是 A 卡"，N 就是英伟达的显卡，而 A 卡就是 AMD 的显卡。

当 AMD 收购 ATI 后，黄仁勋带领英伟达也采取了多项针对性措施，比如加速 GPU 的研发、扩大产品线、加强与游戏开发商的合作、推广并行计算等，并继续增加了研发投入，以保持自身的领先地位。

2006 年 10 月，台积电宣布了英伟达公司一个令人瞩目的里程碑——英伟达第 5 亿台图形处理器已经出货。当时，英伟达委托台积电生产了总计 5 亿个图形处理器和媒体级通信芯片，包括 GeForce GPU 及 nForce 媒体级通信处理器芯片，相当于 260 万片 8 英寸晶圆的出货量。

这里我们再简单回顾一下英伟达的产品线布局。GeForce GPU 是英伟达的核心产品，它被广泛应用于个人电脑、游戏机和高端图形工作站中，为游戏玩家和设计师提供了无与伦比的图形性能。而 nForce 媒体级通信处理器芯片则是英伟达为多媒体应用而开发的产品，它具有强大的视频处理和通信功能，被广泛应用于网络设备和多媒体中心。

这一年，台积电的制程技术已经达到了 65 纳米，能够生产出更小、更高效的芯片，这在当时是相当先进的制程技术。这 5 亿个图形处理器是英伟达与台积电共同完成的一个重要里程碑，意味着半导体制造技术的不断进步和产业规模的不断扩大，也彰显着英伟达和台积电在半导体产业中的领先地位和实力。

2006 年不仅是 AMD 和 ATI 的震荡洗牌之年，也是黄仁勋发布革命性产品、改变英伟达命运的转折点。

2006 年 11 月，历经多年的艰苦研发，黄仁勋推出了芯片史上的史诗级巨作 CUDA（Compute Unified Device Architecture，即计算统一设备体系结构）加速计算技术，开始着力构建 GPU 的软、硬件生态。

这种技术是什么原理，厉害在哪里呢？CUDA 是一种软件和硬件的统称，是一种并行计算平台和编程模型。它包含了 CUDA 指令集架构以及 GPU 内部的并行计算引擎，为程序员提供了一个易于使用的编程模型，使程序员可以更方便地使用 GPU 进行计算。也就是说，它的出现使 GPU 不再局限于图形和图像处理，而是成为一种通用的计算资源。借助CUDA，科学家和研究人员能够利用GPU的并行处理能力来应对最为复杂的计算挑战。同时，CUDA也促进了机器学习等领域的发展，推动GPU在通用计算领域的应用。

举个例子，假设我们需要在短时间内对大量数据进行复杂的分析和处理，使用传统的CPU可能需要数天或数周的时间来完成，而使用CUDA则可以将计算任务分配到多个GPU核心上并行处理，从而大大缩短计算时间，提高数据处理效率。科学计算、机器学习、图像处理、金融计算、医学成像等领域都可以用CUDA来加速计算。

如今我们都已经知道，CUDA的作用空前绝后。基于CUDA的GPU销量已达数百万，软件开发商、科学家以及研究人员正在各个领域中运用CUDA，其中包括图像与视频处理、计算生物学和化学、流体力学模拟、CT图像再现、地震分析以及光线追踪等。但黄仁勋刚开始决定研发CUDA时，却遭到了几乎所有人的反对。说起来，这个技术的诞生竟然起源于一个实习生。

黄仁勋一直以来都深信，GPU除了在游戏领域的应用外，还大有可为，于是一直在关注相关的学术动态。2000年，斯坦福大学一位名为伊恩·布克的研究生，把32块GeForce卡连接在一起，并动用了8台投影玩《雷神之锤》。在玩完游戏之后，伊恩·布克想着能不能开发下这张显卡别的功能，于是在美国国防部高级研究计划局的资助下，破解了英伟达原始的编程工具，组合出了一台超算。没错，就是这么轻轻松松！

黄仁勋知道这件事后感到震撼又惊喜，立即联系了伊恩·布克，并邀请他进入英伟达实习。同时，黄仁勋开始集结相关的硬件和软件工程师创造 GPGPU 模型，即使用通用 GPU 来加速机器学习模型的训练和推理，这就是 CUDA 研发的开端。而这位实习生伊恩·布克，就是日后的 CUDA 之父。那一年是 2004 年。

这时的 CUDA 只能算是英伟达 GPU 的副业，但对当时的英伟达来说，研发 CUDA 的成本奇高无比。黄仁勋要苦口婆心地说服董事会每年投入 5 亿美金，来赌一个回报期超过 10 年的未知项目。而当年，英伟达的营收也不过 30 亿美金而已。由于 CUDA 吃钱猛又不赚钱，英伟达的利润急剧下滑，股价陷入低迷，市值仅仅维持在 10 亿美元上下。这时，华尔街给 CUDA 的估值甚至是 0，股东和外界也纷纷质疑，希望英伟达把心思放在赚钱上。当所有人都说"不"的时候，黄仁勋那股豪赌劲儿又来了——自己看好的事情绝不松口。

当黄仁勋力排众议，大举押注 CUDA 之时，计算行业也正在发生巨大变革。摩尔定律正在放缓，这让当初借此统治芯片市场的英特尔地位不稳。而英伟达重新定位已有的芯片，利用在 CUDA 项目中开发的芯片和软件，逐渐打造出一个广受程序员和企业欢迎的技术平台，不能不说是种天时地利人和的远见。

CUDA 对于英伟达和整个芯片产业来说，都意义非凡。AI 领域权威学者吴恩达的评价更直观好懂：CUDA 出现之前，全球能用 GPU 编程的可能不超过 100 人，有了 CUDA 之后，使用 GPU 就变成了一件非常轻松的事情。总结来说，就是"将 GPU 技术通用化"。

CUDA 降低了 GPU 的应用门槛，使更多人和企业能够利用 GPU 进行各种应用开发。首先，通过提供高级编程语言的使用环境，开发者可以更容易地编写 GPU 程序，不再需要深入了解硬件细节，从而加速了 GPU 应用的普及。其次，CUDA 拓展了 GPU 的应用领域，将其从图像处理拓展到了高性能计算、AI、深度学习、数据分析等领域，这极大地拓宽了 GPU 的应用范围，使其成为许多领域的强大工具。CUDA 通过利用 GPU 的并行计算能力，提升了 GPU 的计算能力，大规模数据的计算和处理速度得到了大幅提升，从而提高了 GPU 在高性能计算领域的竞争力。

CUDA 的推出还促进了 GPU 的生态发展，也一点一滴地构成了英伟达的坚实"护城河"。采用 CUDA 之前，GPU 生态相对封闭，黄仁勋认为，只有通过建立强大的生态，更好地发挥 GPU 的计算能力，降低用户基于 GPU 并行编程的门槛，才能推广 GPU 加速计算技术在更广泛的领域中应用。因此，他一改往日专攻硬件的路子，开始着力构建软件生态。因为，只有在软件生态下的 CUDA 才能使 GPU 用于科学计算、物理模拟等无限领域。

英伟达不仅继续优化 GPU 的性能，还开发了一系列工具和库，以方便开发者使用 GPU 进行开发。比如，提供包含开发 GPU 应用程序所需的各种工具和库的 CUDA 工具包。此外，英伟达还与各个行业合作，推动 GPU 在各个领域的应用。他们与科研机构合作，推动 GPU 在科学计算领域的应用；与各大互联网公司合作，推动 GPU 在 AI 领域的应用；与游戏开发公司合作，推动 GPU 在游戏领域的应用。通过 CUDA 加速计算技术的推出和软、硬件生态的构建，英伟达成功地将 GPU 的应用市场从游戏领域扩展到了更广泛的领域。这不仅为公司带来了更多的商业机会，也为用户提供了更高效、更强大的计算能力。

2006年11月，英伟达还发布了当年最重磅的一款显卡——首款采用统一渲染架构的 DirectX 10 显卡 GeForce 8800 GTX/GTS。这是一款基于英伟达 GeForce 8800 系列的显卡，创下了英伟达旗舰级 3D 娱乐显卡的销售纪录。这款显卡不仅带来了技术上的突破，还让显卡发烧友们提前体验到了顶级图形核心的强大力量，它标志着英伟达迈出了通往 DirectX 10 时代重要的一步。

8800 GTX 作为 G80 系列中的一员，采用了台积电的 90 纳米制程工艺。这种制程工艺使得显卡的核心频率能够更高，同时保持较低的功耗。默认核心频率高达 575MHz，这在当时是相当高的配置。而且，8800 GTX 配备了现在看都罕见的 768MB GDDR3 显存容量，显存频率高达 1800MHz，这使得显卡能够以更快的速度访问显存中的数据，从而提高性能。同时，它还拥有 384bit 显存位宽，使得数据传输带宽达到了惊人的 86GB/s。相比之下，之前的 G7900 GTX 的带宽仅为 51.2GB/s。8800 GTX 的高带宽和快速显存访问能力，使它成为处理大型 3D 图像和游戏的高端显卡的首选。

除了强大的显存配置，8800 GTX 还配备了 128 个流处理器，运行频率高达 1350MHz。这些流处理器能够以极高的速度处理图形数据，从而提供更流畅的游戏体验。此外，8800 GTX 还支持 HDCP（High-Bandwidth Digital Content Protection，即高带宽数字内容保护）、SLI 等英伟达最新架构。HDCP 是一种加密技术，能够保护高清视频内容的版权。而 SLI 则是英伟达的多卡并联技术，通过将多块显卡连接在一起提高图形性能，这个之前我们介绍过。

值得一提的是，黄仁勋在带领团队研发这款显卡时，不仅注重硬件的研发，也非常注重软件的研发。他们开发了一系列优化软件和工具，可以帮助开发者更好地利用 GPU 的计算能力，从而提高了应用程序的性能和稳定性。

在发布会上，黄仁勋展示了 8800 GTX 的强大性能，一举击溃了对手 ATI 老旧的旗舰 X1900 XTX。同时，它也从前辈 7900 GTX 手中接过了"卡皇"的宝座，确立了英伟达在全球图形领域的王者地位。

不论是 ATI 被收购，还是英伟达发明 CUDA，2006 年无疑是显卡市场发生巨变、彻底洗牌的一年。遥想当年，黄仁勋和合伙人刚开始创立英伟达的时候，做图形处理器的公司有 20 多家，后来达到 70 多家。但在 2006 年时，在一场场腥风血雨的洗礼后，活跃玩家就只剩下了英伟达、英特尔和 AMD 三家。

这些竞争对手有的被淘汰了，有的放弃了。但正是激烈的竞争，激励着英伟达重塑了 GPU，发明了 CUDA，也不断推动着 GPU 在游戏、图形设计、AI 等领域的广泛应用，使 GPU 成为计算机不可或缺的一部分。而黄仁勋也和老东家 AMD 从盟友变成对手，站在了对立面，不禁令人唏嘘商战莫测。

回顾 2000 年后这些年，英伟达和黄仁勋在中国分别获得了"核弹工厂"和"皮衣刀客"的称号。"核弹工厂"源于英伟达芯片产品发热，而"皮衣刀客"则有两层含义，一是黄仁勋常年在公共场合穿皮衣，二是指黄仁勋多年来针对不同受众，为不同级别显卡设置了神奇定价，江湖获封"硅谷一刀流"。比如，英伟达当年推出 TNT2 显卡的时候，居然针对不同预算的用户，一次性推出了 4 个版本，这样就让不同用户都能选到适合自己的显卡。

如果你足够细心就会发现，硅谷很多大佬穿衣都有个特点，就是把一类衣服死命穿。乔布斯酷爱黑色高领衫，扎克伯格常年灰短袖，而黄仁勋则是把黑色皮衣穿成了"半永久"，从黑发到白发穿了十几年。但区别于其他大佬的一成不变，黄仁勋的皮衣款式五花八门，从经典的立领、翻领，再到机车夹克式，简直引领了皮衣时尚潮流。对此，黄仁勋曾解释道，皮衣是他妻子或女儿的主意，他只是不愿意动脑筋每天穿什么。

不过我们可以看出的是，从提出黄氏定律到抢占"GPU 发明者"头衔，再到获封"皮衣刀客"，黄仁勋的公关营销能力着实不输乔布斯。

5. 领跑超算，进军移动计算领域

在 2007 年之前，黄仁勋一手建立的英伟达帝国已广泛涉足数字娱乐领域，包括游戏、影视制作、科学可视化等。2007 年 1 月，黄仁勋再投重金，以 3.57 亿收购了为个人媒体播放器提供半导体软件的供应商 PortalPlayer。这次收购进一步扩大了英伟达在消费电子领域的业务范围。

PortalPlayer 的主要产品是数字音频播放器芯片，这些芯片被广泛应用于各种个人媒体播放器设备中，如 MP3 播放器、便携式媒体播放器等，它们能够处理音频数据，并提供各种功能，如音频解码、编码、传输等。在消费电子市场中，数字音频播放器芯片是一个重要的细分领域，而 PortalPlayer 是这个领域的顶级供应商之一。通过收购，英伟达可以更好地了解这个市场和客户需求，提供更好的产品和服务。

除此之外，黄仁勋收购PortalPlayer还有一个前瞻性打算，那就是英伟达能将这些先进的数字音频处理技术和经验整合到自己的产品中，将其应用于更多领域。事实证明，这为后来英伟达布局虚拟现实、AI等领域打下了坚实基础。

接下来，黄仁勋全身心带领英伟达投入了另一项重大技术的研发中，那就是超级计算。当时，药物研发、医学成像和天气建模等领域都需要进行大量的计算和分析，以探索未知领域和解决问题。黄仁勋意识到，传统的CPU已经无法满足这些需求，而GPU的并行计算能力和强大的计算性能可以解决这个问题。英伟达已经在GPU设计方面积累了丰富的经验，因此黄仁勋决定利用这些技术，将GPU升级为可以应用于超级计算机的通用计算平台。

2007年11月，英伟达正式推出基于CUDA架构的Tesla（特斯拉）GPU。这款处理器采用了高密度集成电路，拥有更多的计算单元，可以为超级计算机提供更强大的计算能力，从而加速药物研发、医学成像和天气建模等领域的研究工作。相比于一般的显卡，Tesla GPU在超级计算机和云计算机领域能够发挥更大作用。

几乎一夜之间，地球上的超级计算机都采用了Tesla GPU来进行运算。这一创新彻底改变了超级计算领域的发展格局，为其他科研和工业领域提供了更强大的计算能力，也进一步推动了计算机科学技术的发展。

Tesla系列的推出，意味着英伟达的GPU计算解决方案已经可以涵盖到个人电脑以及大规模的服务器集群。也就是说，黄仁勋已经不满足只做英特尔的芯片组集成显卡的提供商了,开始抢占英特尔的蛋糕。凭借这款芯片,英伟达在高性能计算领域牢牢占据了领先地位,就此在高性能并行计算领域无人可敌,包括英特尔和 AMD。

至此,英伟达已经形成了 GeForce、Quadro 和 Tesla 三大系列产品。这三个系列有不同的应用场景和目标市场,GeForce 系列主要用于提供家庭娱乐,为游戏玩家和其他追求高清晰度、流畅游戏体验的用户提供支持;Quadro 系列主要用于专业绘图设计和图形渲染,为建筑师、设计师、科学家等需要精确、高效的图形处理能力的专业人士提供支持。

而 Tesla 是继 GeForce 和 Quadro 之后,英伟达推出的第三个显示核心商标,用于与 AMD 的 FireStream 系列竞争。Tesla 主要用于大规模的并联计算机运算,为高性能计算应用提供支持。它的推出进一步丰富了英伟达的产品线,扩展了应用场景和市场覆盖,为用户提供了更加多样化的选择。

说起来,Tesla 名字的由来还跟一位历史名人有关,那就是发明家尼古拉·特斯拉(Nikola Tesla)。尼古拉·特斯拉是一位塞尔维亚裔美籍发明家、物理学家、机械工程师、电气工程师,一生取得了大约 1000 项专利发明。他的发明改写了美国经济史,也影响了现代人的生活,被誉为电气时代的开创者。为了纪念特斯拉对电磁场和电磁波理论的贡献,以及他在交流电系统方面的创新,英伟达将这款超级计算系列取名为 Tesla。没错,这也是埃隆·马斯克创立的电动汽车品牌的名字,而马斯克如此命名自己的汽车品牌,也是为了致敬这位伟人。

事实上,黄仁勋酷爱以历史上著名科学家的名字命名自家的 GPU,

"特斯拉"只是开了个头。

2007年，英伟达的老对手已经从ATI变成了AMD，双方的竞争也是相当激烈。AMD分别在5月和11月发布了两款GPU——Radeon HD2900XT和Radeon HD3870，这些产品在高清视频播放和游戏性能方面比较好。2007年11月，英伟达针对AMD推出了GeForce 8800 GTX超级显卡，开始将竞争对手AMD牢牢甩在身后。

英伟达的GeForce 8800 GTX在性能和技术上取得了更大的突破，标志着英伟达在图形处理领域的一次重大飞跃。它是世界上第一块支持DirectX 10的PC桌面显卡，这一技术使游戏和应用程序能更好地利用硬件资源，提高游戏的画面效果和运行效率。此外，GeForce 8800 GTX还引入了新的SP（Streaming Processor，即流处理器）单元的概念，这一创新性技术能让显卡更好地处理图形渲染任务，提高了渲染速度和效率。除了在技术上的突破，GeForce 8800 GTX还有强大的计算能力和并行处理能力，使游戏画面更加流畅、自然。

在当时的市场，GeForce 8800 GTX无疑是最出色的图形处理器之一，占据了绝对的上风。此外，英伟达还通过与各大电脑厂商和游戏开发商的合作，推广其产品和技术，扩大了市场份额。

除了布局超级计算，2007年也是英伟达蓄力推广CUDA GPU加速计算技术的一年。黄仁勋决定将CUDA GPU加速计算技术推广到更广泛的应用领域。这一决策标志着英伟达开始将GPU加速计算技术视为一项战略性创新，并致力于将其应用于更多的计算机领域。

但当时，黄仁勋和英伟达为此承受了极大的压力。就像黄仁勋所说：

"创造一种新的计算模型非常困难，自 IBM System 360 推出以来，CPU 计算模型作为行业标准已存在长达 60 年时间。"也就是说，当时 GPU 主要用于图形渲染，而不是通用计算，因此，许多人对 CUDA GPU 加速计算技术的未来持怀疑态度。此外，英伟达还面临着与竞争对手的激烈竞争和技术变革的挑战。

为推动开发者进行开发，英伟达利用游戏玩家 GForce 游戏显卡建立了用户群，但因 CUDA 附加成本高，股东全都对 CUDA 持怀疑态度，希望英伟达专注于提升盈利能力。但是，黄仁勋坚信 CUDA GPU 加速计算技术的潜力和价值，并持续投入资源和精力来推动其发展，硬生生地坚持了下来。

2007 年对于黄仁勋和英伟达来说，艰难困苦，玉汝于成。这一年，英伟达创下第一季度 10 亿美元的营收业绩，诸多杂志都在盛赞英伟达在图形市场上的优势及其在过去一年令人惊叹的发展。英伟达凭借其创新图形处理器对娱乐业产生的影响而获得艾美奖，被《福布斯》杂志授予"年度最佳公司"称号。凭借年销售额增长 30%，年利润增长 84%，股票回报 28.4% 的亮眼表现，英伟达还被商业周刊评为 2007 年美国高增长 IT 企业十强（第 6 名）。

2007 年 12 月 26 日，随着英伟达实力的强大和在中国市场的扩展，公司正式启用官方中文名"英伟达"。

时间转眼来到 2008 年。这一年对黄仁勋来说喜忧参半，可以说是高调开场，狼狈收尾。2008 年开年，英伟达就拿下了苹果公司的大单，并大刀阔斧接连收购了两家公司，继续拓展自己的商业版图。

1月，苹果宣布其突破性产品 MacBook、MacBook Pro 和 MacBook Air 笔记本电脑将采用英伟达的 GeForce 9400M GPU。两家公司最早的合作可以追溯到 20 世纪 90 年代，当时苹果公司开始在其 Mac 电脑上使用英伟达的 GPU。

GeForce 9400M 是英伟达 2007 年开发的一款集成显卡，这款 GPU 发布后在市场上很受欢迎，被广泛应用于游戏、多媒体和图形设计等领域。这一合作标志着英伟达的 GPU 技术得到了全球领先的计算机制造商苹果公司的认可。同时，苹果公司作为全球知名的计算机制造商，其笔记本电脑销量巨大，也为英伟达带来了相当可观的收入。

值得一提的是，在签署这项协议之前，英特尔一直是苹果公司的芯片供应商，为苹果公司的电脑和服务器提供大量的处理器。也就是说，英伟达抢走了英特尔的一笔大生意，这也是英伟达跟英特尔初期产生的一次大摩擦，为两家公司的对战埋下了伏笔。

GeForce 9400M 之所以能够取代英特尔芯片，首先，是因为它在图形处理方面表现出色，能够满足苹果对高质量图形渲染和游戏性能的需求；其次，它采用了先进的制程技术和节能设计，在提供高性能的同时，也具有较低的功耗，符合苹果对移动设备电池续航的要求。除此之外，GeForce 9400M 与苹果的硬件和软件系统完美兼容，保障了高性能和稳定性。

1月，英伟达还收购了 Mental Images。这家公司以其 Iray 软件而闻名。这款软件是一种光线追踪渲染器，能够与 Quadro GPU 相结合，为创意专业人士提供逼真的设计渲染效果和即时反馈。英伟达将 Mental Images 的 Iray 软件整合到自己的 Tesla 平台等产品线中，从而为创意专业人士提供更加高性能的渲染解决方案。这次收购不仅增强了英伟达在图形处理领域的实力，还进一步扩大了自身在创意专业市场的影响力。同时，Mental Images 的技术也得到了更广泛的应用，为更多的创意专业人士提供了更加逼真的设计渲染效果。

自从苹果订单被英伟达抢走，英特尔跟英伟达两家公司一直在暗暗较劲。2007 年，英特尔曾收购了一家物理加速引擎公司 Havok。2008 年 2 月，英伟达紧跟着收购了同类型公司 AGEIA（奥加科技公司）。AGEIA 是一家专门开发游戏物理技术的公司，它的 PhysX（物理引擎）软件在游戏中被广泛用于模拟和再现物理性质对物体产生的影响，例如碰撞、重力、摩擦等。

通俗来说，游戏中的物理效果就是让游戏中的物体能够按照现实世界中的物理规律进行运动和互动。比如，当两个物体发生碰撞时，游戏能够正确地模拟出物体碰撞后的反弹、变形等情况。如果没有正确的物理效果，游戏中的物体就会看起来很不真实，缺乏质感。AGEIA 的 PhysX 软件就是一款专门用于处理游戏物理效果的工具，它能够模拟出非常逼真的物理效果，让游戏中的物体能够以非常自然的方式运动和互动。比如，在 AGEIA 的 PhysX 引擎支持下，游戏中的布料可以像真实的布料一样飘动，物体在碰撞后可以产生真实的反弹效果，甚至可以模拟出重力的作用让物体自由下落。

收购 AGEIA 后，英伟达将 PhysX 软件整合到了自己的产品线中，进一步提高了自己在游戏技术领域的竞争力。同时，PhysX 软件也成为英伟达提供给游戏开发者的一种强大工具，帮助他们开发出更加逼真、自然的游戏体验。

也是在 2 月，英伟达基于 65 纳米的 9 系列显卡 GeForce 9600 GT 正式发布。这个新的显卡系列采用了更先进的生产工艺，显卡的性能更高，体积更小，功耗更低。65 纳米工艺是指芯片中晶体管的尺寸在 65 纳米以内，这种工艺使芯片中可以集成更多的晶体管，实现更复杂的功能，同时保持较低的功耗。9 系列显卡是英伟达的一个重大突破，它们采用了全新的架构和设计，可以提供更高的图形处理能力和计算性能，可用于游戏、3D 建模、视频编辑等各种需要更高图形处理能力的应用。

这款 GeForce 9600 GT 对标的是 AMD 在 2007 年 11 月发布的 HD 3850。与 HD 3850 相比，GeForce 9600 GT 在性能、功耗方面具有优势，但在价格方面处于劣势。所以，更看重游戏性能、预算较为宽裕的消费者更愿意买 GeForce 9600 GT，而更看重性价比的人群更倾向于 HD 3850。这一年，两家公司在市场上平分秋色，竞争态势还算和谐。

2008 年之前的几年间，游戏芯片依然是英伟达的主要收入来源，游戏的复苏也带动了公司收入。但在瞬息万变、竞争激烈的芯片市场，要想获得市场高度认可，获得资本市场追捧，英伟达还是迫切需要一个新的增长点。黄仁勋思来想去，最终锁定了一个新的方向——移动端。

2008 年，苹果第一代 iPhone 手机已发布一年，它具有独立的操作系统和运行空间，可以通过无线网络接入互联网，标志着智能手机时代的到来。不久后，谷歌紧跟苹果发布了基于 Linux 平台的安卓手机操作系统。这让黄仁勋敏锐地觉察到，智能手机即将迎来黄金发展期，PC 时代将向移动互联时代过渡。

2008年2月，英伟达在MWC（Mobile World Congress，世界移动通信大会）上正式公布了全新的移动处理器APX 2500，这是一款和微软共同开发、面向下一代Windows Mobile手机的处理器，被用来提高Windows Mobile平台的多媒体处理能力。这款芯片基于ARM（Advanced RISC Machines，即安谋公司）11架构设计，采用65纳米制程工艺，是针对低功耗、高性能的小型移动设备所推出的芯片。

在黄仁勋看来，追求更高的运算性能和更大的记忆空间已经落伍了，当时的极简派PC风潮，正是APX 2500系统单芯片瞄准的市场。他预言，未来的电脑必须薄得像纸，所有东西都集中在小小的芯片上。

这一年，黄仁勋也在持续迭代CUDA产品。2008年3月，英伟达推出并行计算架构CUDA1.0，开始把它用在加速图片处理上，比如加速PS渲染和建模。这种应用并没有带来爆炸效果，但黄仁勋仍咬紧牙关不遗余力地支持项目，让自家生产的每一块芯片都支持CUDA，并开放给大众普及，一心打造CUDA生态圈。

2008年6月，黄仁勋继续迭代移动处理器，公布Tegra 600和Tegra 650两款处理器，并将APX 2500也纳入了Tegra这个移动处理器的品牌之中。这两款芯片都可以用超过40 FPS（帧率）的速率运行《雷神之锤3》等大型游戏，芯片组的大小仅为英特尔Atom处理器的1/10，一次充电可以实现130个小时的音频播放或30个小时的高清视频播放。这款芯片的推出，使英伟达在移动计算领域初露头角，并推动了移动计算技术的发展。此后，英伟达继续推出了一系列升级版的Tegra芯片，不断推动移动计算技术的发展。

6月中旬，黄仁勋发布了使用GT 200芯片的新一代显卡，包括GTX 260和GTX 280。GT 200是英伟达的第10代GeForce显示芯片，这个新系列的显卡拥有更强大的性能和更先进的技术。GTX 260和GTX 280分别属于高端和中端的显卡，以应对不同用户群体的需求。

GT 200系列显卡的推出使得GPU的应用更加广泛和高效。它们不仅可以用于游戏和图形渲染，还可以应用于科学计算、深度学习、虚拟现实等领域。它能让游戏开发者打造更高的帧率和更流畅的游戏体验，在进行复杂的图像处理或视频编辑时，GT 200系列的显卡也可以提供更快的处理速度和更高的图像质量。

2008年6月，东京工业大学升级了基于英伟达Tesla GPU的超级计算机Tsubame（燕）2.0，这是史上最节能的Petaflop级超级计算机之一，在后来全球最快超级计算机500强榜单中位列第四名。这台超级计算机使用了英伟达公司的Tesla P100图形处理器，非常适合用于AI计算。通过使用这种处理器，Tsubame超级计算机可以提供非常快的计算速度，从而帮助研究人员解决如AI、气候模拟、物理模拟等复杂问题。

此外，英伟达的Tesla P100采用了先进的制程技术和节能设计，能够有效地降低功耗，这使得Tsubame超级计算机在能源效率方面表现出色，在处理大量数据时保持良好的性能和稳定性。Tesla P100还具有很好的通用性和可扩展性，可以适应不同的应用场景和需求，还能通过添加更多的芯片或扩展计算能力来满足不断增长的计算需求。这使得Tsubame超级计算机能够在不同的领域发挥出色的作用。

2008年盛夏，对黄仁勋来说却是刺骨地冷，因为突如其来的"显卡门"事件，英伟达声誉备受折损。

事情起源于英伟达以 G86 为核心的 8400GS、8600GS、9200GS、9600MGS 显卡。在配备这些显卡的电脑发售后，很多用户反映电脑出现了诸多问题，包括电脑特别烫，使用时间久了花屏或者死机，直接开机无法显示等。一时间，苹果、戴尔、惠普笔记本电脑的大批用户发起了集体诉讼，遭受大规模返修的电脑厂商也发起了联名上诉，要求英伟达更换有故障的 GPU。这次事件涉及的笔记本电脑达到数百万台。

事发后，黄仁勋第一时间召集高管做了调查，发现果然是 G86 核心的显卡封装工艺存在缺陷。原来，GPU 在封装的时候芯片与印制电路板的黏合材料存在缺陷，在 GPU 工作运行的时候温度过高，导致显卡无法工作。此时，外面的舆论已经沸沸扬扬，怎样化解这场危机？黄仁勋一如既往地选择了坦诚以对，并做出大力补救，把确保用户的满意度作为首要职责。

2008 年 7 月，英伟达正式承认了自身的产品问题。黄仁勋宣布从第二季度收入中一次性支出 1.5 亿到 2 亿美元来解决该问题，承担由此产生的保修、修理、退货、换货以及其他成本和费用。在具体的产品补救上，黄仁勋表示将全力配合合作的电脑厂商解决问题，并推出改良版显卡，发布新的驱动软件，通过驱使系统风扇提前运行，以降低显示芯片散热压力。

这次事件使英伟达声誉受损，也让黄仁勋意识到，芯片设计的每个环节都需要精细化筛查和管理。由此，他为英伟达建立起更严苛的审核机制。

反观对手，AMD 在收购 ATI 后，将 ATI 的图形处理器技术和自己的 CPU 技术融合在一起，于 2008 年 11 月推出了全新的 AMD 弈龙（Phenom）系列处理器。这款处理器采用了 AMD 独特的 Fusion 技术，将 CPU 和 GPU 融合在一起，提高了计算机的性能和能效。这一创新技术使 AMD 在微处理器市场上获得了更大的竞争优势，也为其在未来的发展中打下了坚实的基础。

总的来说，在 2008 年的处理器市场，AMD 凭借着 Phenom 系列处理器对英伟达造成了竞争压力。而在图形处理器领域，英伟达则凭借着其高性能的产品线保持着领先地位，形成各据一方的战局。而在公司经营层面，英伟达的日子就不那么好过了。

2008 年，全球金融危机影响了电脑销量，直接拉低了英伟达的业绩，"显卡门"更是让英伟达的窘境雪上加霜。2008 年 11 月，英伟达季度报告显示，公司收入下降 20%，利润下降 74%。到 2008 年末，英伟达的市值从 2017 年末的 189 亿美元，跌至 43.3 亿美元。

第四章

黄仁勋引领的商业帝国

2015年底,还有一个AI领域的潜力之星悄然问世。这年12月,埃隆·马斯克、萨姆·奥尔特曼、格雷格·布罗克曼等人共同创立了OpenAI,并由此与英伟达结下了千丝万缕的不解之缘。

1. 造出"核弹",走出低谷重拾增长

  自 20 世纪末《神偷》《最终幻想 8》《网络奇兵 2》等早期 3D 游戏问世后,3D 游戏经过 10 多年的发展,早已风靡全球。《魔兽世界》《生化危机 4》《战地 2》等 3D 游戏更是在全球拥有了大批玩家,成为很多人的童年回忆。同时,3D 电影也在 2009 年迎来了爆发元年,《阿凡达》《冰川时代 3》《飞屋环游记》等 3D 电影在这一年扎堆问世,每部都是票房大卖。

  黄仁勋恐怕也猜不到 2009 年会是 3D 电影元年,但是,他认定 3D 一定是未来的趋势,3D 娱乐影音最终会走进千家万户。因此,他决定从家庭场景的 3D 应用入手,让人们更便捷地享受更逼真的视觉盛宴。

  2009 年 1 月,黄仁勋在 CES 大会(Consumer Electronics Show,即

国际消费类电子产品展览会）上发布了 3D Vision（立体幻境）技术。这是全球首款面向家庭的高清 3D 立体解决方案，其组件包括高科技无线眼镜、高功率红外发射器、120Hz 高刷新率显示器、配套驱动、软件、游戏优化等一整套完整的解决方案。这项技术采用了先进的主动快门式眼镜，可以随着画面的变化而快速开关，使每只眼睛都能呈现不同的图像，从而实现立体效果。同时，3D Vision 还结合了英伟达的软件技术，可以将普通 2D 图像和游戏自动转换为 3D 立体形式。

这项技术推出后，消费者只需舒舒服服躺在自家沙发上，戴上一副仅为 50 克的立体眼镜，就能享受到高清的 3D 电影和游戏体验，体验身临其境的感觉。比如在游戏中，玩家会感受到自己置身于游戏场景中，能看到游戏角色和敌人的立体形象，甚至可以感受到来自不同方向的攻击和声音。这项技术极大地推动了 3D 产业的发展，也为影视娱乐行业带来了更多的创新和机会。

那时，除了大荧屏逐渐走进寻常百姓家，手机市场也是一片繁荣。黄仁勋注意到安卓系统对绘图能力需求比较高，于是在 2009 年 2 月与谷歌官宣合作，将安卓系统移植到了英伟达的 Tegra 处理器上。这个合作标志着移动设备领域的一个重要里程碑，也是英伟达在移动计算领域的一次重大突破。

Tegra 是一款内部集成多个核心和组件的强大处理器，能同时处理高清视频播放、流畅的游戏体验等高负荷任务，让设备运行更流畅、快速，为用户提供更好的娱乐和办公体验。将它与安卓系统相结合，可以使安卓设备在性能和功能上得到极大提升。黄仁勋不仅优化了这款处理器核心、图形处理器和图像处理单元的运行效率，提高了设备的性能和用户体验，还解决了系统移植的技术难题，让设备可以稳定地运行安卓系统。

随后，黄仁勋便一门心思扑在了自己的第一款"核弹产品"上。什么样的芯片能叫"核弹"？这就跟这款产品的特性有关了。

2009年9月，为共同探讨和分享关于GPU技术和应用的最新进展和思考，作为当时全球视觉计算的领军企业，英伟达在美国圣何塞市发起了首届GPU技术大会（GPU Technology Conference，简称GTC）。这次大会几乎聚集了当时高性能计算领域的所有精英人才，黄仁勋还专程邀请了全球知名媒体参加大会。

在这次相当重要的业内盛会上，黄仁勋展示了英伟达最新一代的CUDA GPU Fermi（费米）架构。这是英伟达公司在GPU设计方面的一次重大突破，它引入了许多新的特性和技术，如更高效的并行处理能力、更高的内存带宽和更好的浮点性能等。Fermi架构的出现对高性能计算领域产生了深远影响，它使GPU不再只是用于简单的图形渲染，比如我们在电脑或手机上看到的各种图像，而是可以应用于更广泛的领域，如科学计算、深度学习、虚拟现实等。

接下来，我们来详细解释下这三个科技名词。简单来说，科学计算是指用计算机模拟和解决复杂的科学问题。比如，气候模型预测、宇宙大爆炸模拟等问题需要大量计算资源和复杂的模拟过程，GPU的高效并行处理能力正好适合这类问题。深度学习是一种机器学习的方法，它需要大量的数据处理和复杂的模型训练过程，而GPU的并行处理能力和高内存带宽可以使训练过程更快更高效。虚拟现实是说，当我们戴上一副虚拟现实眼镜时，需要一个逼真的虚拟世界来欺骗我们的感官，GPU 可以通过快速渲染图像和视频来创建这个逼真的虚拟世界。

这些应用足以见得 Fermi 架构的强大性能，但要命的是，这款芯片功耗也极高。就拿该架构的旗舰产品 GTX 580 来说，它的热量和电力消耗都很大，运作起来就像一颗核弹一样。大家对这款显卡是又爱又恨，于是给它起了个生动形象的名字——"核弹显卡"。

在 2009 年的首届 GPU 大会上，英伟达还与微软达成一项重要合作。借助微软的 Windows HPC Server 2008 操作系统，双方将共同推进英伟达 Tesla 图形处理器在高性能并行计算方面的应用。

具体来说，英伟达研究院在当时开发了多款面向 Windows HPC Server 2008 平台、基于 GPU 的应用程序，例如，可用于超逼真汽车建模的光线追踪应用程序。英伟达还携手微软研究院打造了一个大型 Tesla GPU 计算集群，研究专为 GPU 而优化的应用程序。GPU 与 Windows 平台强强联合，为很多高精尖的计算难题带来强劲的计算能力，提升了 20 乃至 200 倍计算速度。

这一年，黄仁勋还首次将英伟达的 GPU 技术引入了医疗领域。2009 年 11 月，英伟达与西门子医疗（Siemens Healthcare）携手创造了全球首个 3D 超声波系统。在美国芝加哥举办的北美放射学年会上，英伟达与西门子医疗演示了令人身临其境的全新 3D 超声波查看技术，让准父母及医护人员能够使用 3D 眼镜查看胎儿状况，其画面细腻程度令人难以置信。

这次合作的背景源于医疗领域对更先进、更精准诊断技术的需求。要知道，传统的超声波检查是一种常用的医学影像技术，但它通常只能提供二维图像，限制了医生对病情的准确判断。而英伟达为这款 3D 超声波系统提供了强大的计算能力和并行处理能力，能够捕捉到身体内部的三维图像，让医生一目了然。就拿孕妇产检来说，传统的二维超声波只能观察到胎儿的平面图像，而 3D 超声波则可以清晰地呈现出胎儿的立体形态，包括面部、肢体等各个部位。这样一来，医生就能更准确地判断胎儿的健康状况。这个 3D 超声波系统无疑是医疗领域非常重要的一次技术创新。

2009 年，还有一个关于 CUDA 的有趣小插曲。当时，日后的 AI 教父杰弗里·辛顿率先用 CUDA 平台训练神经网络，结果大超预期，于是他主动写邮件联系英伟达。邮件大概意思是说："我刚刚告诉了 1000 名机器学习研究人员，他们应该去买英伟达显卡。你们能免费送我一块吗？"结果，英伟达利落地拒绝了杰弗里·辛顿的请求。那时的黄仁勋还没意识到杰弗里·辛顿会是英伟达的大恩人，深度神经网络将彻底改变英伟达的属性。

总体来说，2009 年是黄仁勋创业生涯中的一段艰难时期，英伟达经历了连续亏损。由于市场萎缩和竞争加剧，公司的营收和利润都受到了重大打击。随着全球经济衰退和计算机市场萎缩，消费者对新硬件设备的需求减少，导致英伟达的业绩下滑。此外，AMD 收购 ATI 后进一步增强了其竞争地位，也给英伟达带来了一定的威胁。

但是，这一困境很快在 2010 年逆转。2009 年有两部大片上映后红极一时，那就是《阿凡达》和《星际迷航》。在电影制作中，视觉效果无疑是非常重要的一部分，这需要大量的计算和图形处理能力来创建和渲染特效。2010年1月,《阿凡达》和《星际迷航》获奥斯卡"最佳视觉效果"奖提名,而这两部电影的视觉特效就出自黄仁勋的GPU显卡。

通过英伟达GPU的并行计算能力,电影制作团队可以更快地渲染复杂的毛发和皮肤效果。比如,《阿凡达》中潘多拉星球上的生物和角色毛发逼真,皮肤质感细腻,这些都需要GPU的加速计算来实现。此外,英伟达GPU还可以帮助制作团队更快和逼真地渲染复杂的光照、阴影和爆炸、烟雾效果,让电影中的场景更加真实,让面部表情和肢体动作更加生动逼真,让景深和透视效果更有立体感和层次感,为观众带来更加震撼、真实的观影体验。

2010年,除了合作的电影揽获大奖外,英伟达还迈出了与车企进行深度合作的第一步。也是在1月,在拉斯维加斯举办的2010年CES大会上,奥迪和英伟达正式宣布,英伟达GPU将为全球所有奥迪汽车的导航和娱乐系统提供支持。

在此次合作中,英伟达负责为奥迪汽车的导航和娱乐系统提供强大的计算能力。此次合作将为奥迪全线产品的导航与娱乐系统提供3GMMI（Multimedia Interface,即3GMMI系统）,该系统将采用英伟达GPU来处理和生成所有视觉图像内容,可呈现出3D形态的建筑物与城市、实时交通报告以及导航信息。可以说,这是硅谷技术与德国工程设计的完美联姻,他们将最前沿的GPU引入汽车行业,使全3D导航等先进的视觉功能成为可能,造福了亿万车主。

英伟达的GPU技术为奥迪汽车的导航和娱乐系统提供了更加清晰、流畅的用户体验,包括高清地图、实时交通信息、语音识别等。比如,当驾驶者输入目的地时，GPU可以迅速对地图数据进行处理和分析，同时还可以实时更新路况、交通信息等数据，让驾驶者能够选择最佳路线。而在传统的处理器上，这些任务可能需要更长的时间来完成。通过GPU的并行计算能力，驾驶者或乘客还在车里更顺畅地观看高清电影、听音乐或玩游戏。此外，GPU还支持多种视频接口和输出方式，让驾驶者和乘客可以选择最适合自己的显示方式。

奥迪与英伟达的合作是汽车行业与科技公司深度合作的一个里程碑，它不仅为奥迪带来了技术上的提升和商业机会，也为整个汽车行业带来了新的合作模式和商业机会。

在黄仁勋的眼中，一个CEO永远是带着问题的。多年来，他也身体力行地带领英伟达不断打磨每款芯片，逐一解决各个应用场景的所有痛点。

在笔记本电脑中，GPU是负责处理图形任务的重要部件，它可以让我们在玩游戏、编辑视频、看电影的时候获得更好的视觉体验。但是，GPU的运转需要大量电力，如果持续高负荷运转，电池寿命就会大大缩短。怎样解决这个一直以来的棘手问题？黄仁勋的解题思路是给GPU安装一个"智能管家"。

2009年2月，英伟达推出Optimus（擎天柱）技术，它能够自动管理GPU，帮助笔记本电脑在保证性能的同时，最大化延长电池的使用寿命。这是笔记本电脑的一项重大突破。简单来说，Optimus技术就像是给笔记本电脑装上了一个智能开关，当我们需要高性能的图形处理时它会启动GPU，在不需要大量图形处理的任务时，它会让GPU进入休眠状态。

比如，当我们正在用笔记本电脑阅读文档或者浏览网页时，这些任务并不需要大量的图形处理能力，Optimus 就会让 GPU 进入休眠状态，让电池寿命更长。而当我们开始玩一款游戏或者编辑视频时，Optimus 又会自动唤醒 GPU，提供强大的图形处理能力，让游戏更流畅，视频编辑更顺利。

2010 年 3 月，英伟达发布了新一代使用 GF 100 核心的显卡，即 GeForce GTX 480 和 GeForce GTX 470。它们都采用了先进的 GF 100 核心和优秀的散热设计，能够在高分辨率下提供流畅的游戏体验。同时，它们还拥有一些独特的软件优化技术和功能，如 3D Vision 和 PowerMizer 等，能够为用户带来更加出色的使用体验。

从市场定位上来看，GTX 480 和 GTX 470 分别面向高端和中高端市场。GTX 480 的性能出色，可以满足对图形处理能力有最高要求的用户的需求。而 GTX 470 则更加注重在保持性能的同时，降低功耗和成本，适合对价格敏感但又需要一定性能的用户。除了硬件规格方面的差异外，这两款显卡在软件方面也有一些不同。例如，它们采用了不同的驱动程序和优化算法，以适应不同的用户需求和市场定位。此外，它们还支持不同的游戏优化技术，如 GTX 480 支持 3D Vision 技术，而 GTX 470 则不支持。

值得一提的是，GeForce GTX 480 是首款将计算卡和游戏卡分开发展的产品。在 2010 年前后，英伟达跟 AMD 在 GPU 市场的竞争日益激烈，这时，黄仁勋看到了一个机会：将计算卡和游戏卡分开设计。原来，计算卡和游戏卡在功能和性能上侧重不同：计算卡主要用于高性能计算和图形渲染，而游戏卡则更注重实时渲染和游戏性能。通过将这两者分开设计，英伟达就能更专注地优化每个产品的性能和能效比，提升游戏卡的性能和游戏体验。

事实证明，将计算卡和游戏卡分开发展是黄仁勋极具前瞻性的正确战略规划。从此，英伟达的游戏显卡发展速度一骑绝尘，将A卡越甩越远（直到2019年AMD才无奈宣布也会采取游戏卡和计算卡分开设计的策略）。

不过，迫于AMD收购ATI带来的压力，英伟达推出GTX 480等显卡时过于匆忙，虽然性能出色，但由于超频温度过高，可达80℃，多次发生自燃事故。当时，百度贴吧甚至有网友直播GTX 480煎蛋的过程！很快，英伟达显卡发热量大的名声就传播开来。

2010年也是英伟达结缘比特币"挖矿"的开端。比特币诞生于2009年，是一种去中心化的数字货币。它不依赖于各国的中央机构来发行和管理，而是通过密码学和去中心化网络来保护交易的安全性和匿名性。比特币可以在一些交易所进行买卖，并可以兑换成现实货币。由于比特币是一种网络虚拟货币，要获得比特币就必须通过庞大的计算量，不断地寻求这个方程组的特解，谁先算出答案，就能获得系统新生的比特币奖励，这一过程就叫"挖矿"。

既然可以换成钱来花，必然有无数人争抢比特币。2010年7月，一位名为ArtForz的"矿工"用装有GPU显卡的个人电脑首次完成"挖矿"，标志着GPU"挖矿"的正式登场。这也使得英伟达的GPU在"挖矿"领域具有了强大竞争力。要知道，一个GPU显卡相当于几十个CPU，用

GPU"挖矿"的收益要远远高于采用CPU"挖矿"。从那以后,大量"矿工"开始用英伟达的GPU显卡"挖矿"。对黄仁勋来说,这无疑是英伟达凭空而降的又一条新财路。

2010年7月,黄仁勋更新了去年发布的CUDA GPU Fermi架构,发布了新一代使用GF 104的显卡GTX 460。这是一款性能优秀、能效比较高的中端显卡,它采用了40纳米制程工艺,拥有336个流处理器和56个纹理单元,核心频率为675MHz,显存频率为900MHz。这款芯片可以提供良好的游戏性能和图形处理能力,流畅运行大多数游戏,并支持DirectX 11技术。在游戏中,虽然它不能提供最高的画质设置和帧率,但是基本也能够满足普通游戏玩家的需求。

除了性能方面的优势外,GTX 460还具有比较好的能效比。相较于前代产品GTX 260,GTX 460的功耗和发热均有所降低,能在功耗限制较高的电脑中稳定运行。此外,它还支持英伟达的3D Vision技术,可以提供出色的3D游戏体验,同时具有优秀的视频解码能力,能够流畅播放高清视频。当然,GTX 460也存在一些不足之处。比如,它只拥有1GB的显存容量,被很多用户吐槽不够用。

2010年,英伟达伴随超级计算技术的飞速发展,再次以煊赫声名走进人们的视野。

早在2007年,英伟达就推出了基于CUDA架构的Tesla GPU,主要为超级计算机提供强大的计算能力,并在当时成为超级计算机的王牌显卡。从那之后,黄仁勋一直认定超级计算是GPU的未来的潜力赛道,并不断深耕这个领域。

这里我们先来简单回顾一下计算机及超级计算机的由来。1946年，美国军方研究出来的世界上第一台电子计算机，主要是为了进行弹道轨迹计算。随后，为了满足人类对各种计算能力的需求，超级计算机诞生了。迈入2000年以后，超级计算机已经成为关乎国家科学、技术、经济和军事等领域的关键技术。在这个领域，美国一直处于领先地位，中国起步比较晚，但是发展迅速。

2010年8月，中国首台千兆次超级计算机"天河一号A"（Tianhe-1A）升级完成。在随后11月国际TOP500组织公布的最新全球超级计算机前500强排行榜中，"天河一号A"排名全球第一。而这款超级计算机的"心脏"，就是英伟达提供的Tesla GPU。

"天河一号A"采用了7168块英伟达Tesla M2050 GPU以及14336块CPU，通过大规模并行GPU与多核CPU相结合，实现了在性能、尺寸以及功耗等方面的巨大进步。在高性能计算领域，GPU的并行计算能力为"天河一号A"带来了显著的性能提升。

以医药开发为例，GPU的加速计算能够大大缩短新药研发周期，为医药行业带来革命性的进展。此外，"天河一号A"还应用于飓风与海啸模拟、癌症研究、汽车设计以及研究星系形成等多个领域，为科学研究提供了强大的计算支持。用黄仁勋的话来说就是："GPU彻底改变了高性能计算行业。"而英伟达也以绝对的领先优势，展示了其GPU在高性能计算领域的优势和应用前景。

除了超级计算，2010年也是英伟达再度进阶，在AI领域小试牛刀、小有所成的一年。

2010年10月，谷歌的AI项目谷歌大脑（Google Brain）面临着一个重要的挑战。项目负责人，即AI先驱吴恩达需要更强大的计算能力来训练神经网络AI，以满足项目的需求。然而，现有的计算设备都无法满足他们的需求，因为神经网络需要大量的计算资源来学习和模拟人类大脑的行为。

当时，在英伟达多年的努力下，GPU已经被广泛应用于并行计算任务，因此，吴恩达选择了英伟达的GPU来帮助他们解决这个问题。那时候，为了让AI程序识别出一只猫，吴恩达不得不使用16000个CPU处理器。后来他发现，只需要12个GPU就能实现这一效果。于是，他们将多个GPU连接在一起，形成了一个强大的计算集群。这个集群具有高度并行处理能力，可以同时执行多个计算任务，从而大大加快了神经网络的训练速度。

通过使用英伟达的GPU，谷歌成功地训练出了更加复杂的神经网络模型，为后来的深度学习技术的发展奠定了基础。这个项目的成功也展示了GPU并行计算在AI领域的巨大潜力，为英伟达在AI领域的进一步发展铺平了道路。

总之，2010年对于英伟达来说是走出低谷、重拾增长的一年。在经历了2008年的收入下滑和2009年的连续亏损后，英伟达在2010年凭借其强大的技术实力和市场策略，成功实现了业绩反弹。

2. 出货10亿，拿下宝马和特斯拉

2011年，黄仁勋带领英伟达频放大招，在业界逐渐由黑翻红，成为2011年最受关注的焦点。仅在1月，英伟达就迎来了连连喜事。

先是宝马和特斯拉的车内信息系统宣布采用英伟达的 Tegra 2 芯片。Tegra 2 是一款基于 ARM 架构的高性能处理器，在车内信息系统中，Tegra 2 芯片可以用于导航、娱乐、语音识别、空调控制等各种任务，它具有强大的计算能力和高效的能源效率，能够满足车内复杂的信息娱乐和安全需求。

举例来说，Tegra 2 芯片将用于宝马的 iDrive（智能驾驶控制）系统。iDrive 系统是一个集成了导航、娱乐、电话、空调、座椅加热、门窗升降

等多种功能的车载信息系统。Tegra 2 芯片可以处理来自各种传感器的数据，如车辆状态、驾驶员行为等，并根据这些数据提供智能化建议和提醒，如驾驶者的疲劳程度、路况预警等。

此外，Tegra 2 芯片还将用于特斯拉的 Autopilot（自动驾驶系统）。Autopilot 能够让车辆在高速公路上自动行驶，并自动进行车道保持、自动刹车、自动泊车等操作。Tegra 2 芯片可以处理来自车辆各种传感器的数据，如摄像头、雷达、超声波等，并根据这些数据提供实时的车辆控制和导航信息。

总之，英伟达的 Tegra 2 芯片在宝马和特斯拉的车内信息系统中发挥了重要作用，它能够提供高效、智能化的数据处理和控制系统，为驾驶者带来更加便捷、安全的驾驶体验。Tegra 2 发布后，凭借颠覆性的高性能让业内大为震撼，英伟达股价两天就大涨了 30%。

在官宣宝马和特斯拉合作隔天，英伟达再次以重磅消息吸引了全球媒体的目光，黄仁勋在 CES 大会上推出"丹佛计划"（Project Denver），计划打造一款基于超高效 ARM 架构的定制 CPU。

在此之前，有关英伟达将进入 CPU 市场的传言已流传多年。黄仁勋不愿意分散精力自己做 CPU，所以，找一个业界最强的合作伙伴成了最佳选择。事实上，"丹佛计划"已经在英伟达和 ARM 合作下秘密研发数年。ARM 是全球最大的芯片半导体知识产权提供商，为移动设备处理器提供底层架构和芯片动力支持。而 ARM 架构是一种节能的 32 位处理器架构，凭借高效能和低功耗的优势成为移动设备的首选。

黄仁勋想用 ARM 架构做 CPU，是因为看到苹果用 ARM 架构的芯片表现很好。而且随着技术发展，ARM 架构的芯片因为功耗低、成本低、性能高和可定制性强，很有可能替代传统的 CPU。简单来说，"丹佛计划"就是要设计和生产一款基于 ARM 架构的定制 CPU，并将其与英伟达的 GPU 进行集成，以提供更高的性能和能效比。ARM 负责提供高效的 ARM 架构，台积电则负责生产这款定制的 CPU。

黄仁勋提出的"丹佛计划"是一个具有远见和战略眼光的决策。通过涉足 CPU 市场，英伟达不仅扩大了自己的业务范围，还为 PC 行业带来了新的技术和创新。至此，这种 CPU 加 GPU 的融合芯片，标志着英特尔、AMD、英伟达都拥有了属于自己的 CPU 和 GPU，芯片界竞争变得更加有趣了。

那边"丹佛计划"余热未消，这边英伟达又拿到一笔 15 亿美元巨款。这笔钱倒不是因为英伟达拿到什么大单，而是一笔出自英特尔的专利赔付费。这里面的故事说来话长。

要说英伟达跟英特尔的矛盾，其实由来已久。我们都知道，英特尔主攻 CPU，而英伟达是 GPU 的行业领导者。在 PC 市场，两家公司存在着显而易见的竞争关系，英特尔的处理器和英伟达的 GPU 都在个人电脑中应用广泛。早在 2008 年，英伟达就凭借出类拔萃的 GPU 能力，压过了英特尔的 CPU，抢了英特尔跟苹果的合作大单。这也让英特尔对英伟达心怀芥蒂，开始下决心布局大有潜力的 GPU 领域。

2006 年，英特尔曾经尝试自研了一个 GPU 芯片平台，叫作 Larrabee（拉腊比），还放言它会让其他显卡在两三年内消失。可是所有人都没想到，占尽各种资源优势的芯片霸主英特尔会在这个项目上落败。2009 年，因为产品性能以及驱动开发远远落后于原先的计划，英特尔正式取消了Larrabee GPU 产品的推出计划。一计不成，心有不甘的英特尔开始另辟战场。

2009 年 2 月，英特尔突然在美国特拉华州的一所法院提出申请，称英特尔和英伟达已签署 4 年的芯片组授权协议将不适用于英特尔下一代具有集成显存控制器的 CPU。言下之意就是，英特尔未来的产品平台不打算用英伟达的芯片了。而当时，英伟达的一项主要业务就是为英特尔提供主板芯片组，这可是笔不小的单子。

英特尔提出诉讼后，直接惊动了英伟达高层。这边黄仁勋也毫不示弱，在 2009 年 3 月发起反诉，指出英特尔违反合同，使图形芯片制造商处于不利地位，同时也顺势提出一个要求，英特尔也不能再用英伟达的专利。当时，黄仁勋接受采访时信誓旦旦地说："绝不和解。"

就这样，整个 2009 年，双方都处在一片你来我往的骂战中。黄仁勋对媒体说："英特尔的真正目标是阻碍 GPU 发展，英特尔的产品最终只能是破坏软件产业。"英特尔就反击说英伟达的产品能耗高……

2009 年 10 月，英伟达彻底停止了所有主板芯片组开发和制造业务。年底，英伟达还专门开放了一个漫画网站，调侃两家公司之间的骂战。而久经沙场又风趣幽默的黄仁勋对这场口水战也很坦然："我们只是觉得这样很有趣，这是发泄的一种方式。"这一年，英特尔市值大约是英伟达的 13 倍。

官司一打就是两年。到了 2011 年 1 月，这场旷日持久的诉讼最终以双方和解结束。但有意思的是，和解条件却是英特尔公司要在 5 年内向英伟达支付 15 亿美元专利使用费。双方达成为期 6 年的交叉授权协议，英伟达和英特尔互相授予对方专利使用权。英特尔可以借助英伟达的 GPU 技术来提高其产品的性能和图形处理能力，而英伟达则可以通过英特尔的处理器技术来扩大其产品线和应用领域。

这个结局也算是保持了互利合作，促进了行业发展。只是，发起诉讼的老大哥，搬起石头砸了自己的脚，赔出去一大笔钱。官司结束后，英伟达股价还应声大涨了 4 个点。不知道巨头英特尔一年前早知是这个结果，会不会悔不当初。

在拿到巨款赔偿后，英伟达这边春风得意，又爆出一个喜讯——第 10 亿台 GeForce GPU 出货。英伟达能取得这样的成绩，得益于黄仁勋带领大家不断钻研创新技术，打磨卓越产品。英伟达的 GPU 具有高性能、低功耗和高度可编程性等特点，因此在市场上具有很大的竞争优势，被广泛应用于计算机游戏、数据中心等领域。此外，英伟达与硬件制造商、软件开发商和系统集成商合作伙伴建立了紧密的合作关系，这些合作伙伴的信任和支持也使英伟达的 GPU 被广泛采用和推荐。

在精彩纷呈的 1 月后，黄仁勋将工作重心回归到产品上。2011 年 2 月，英伟达再开先河，推出全球首款双核移动处理器 Tegra 2，将移动手机带入双核时代，并在此基础上打造出首款安卓平板电脑。

当时，随着手机等移动设备的普及和智能化发展，消费者对处理器的性能需求越来越高，传统的单核处理器已经无法满足高端移动设备的需求，因此，黄仁勋才带领团队开发出了更强大的双核移动处理器——Tegra 2。

这款处理器采用了独特的融合架构，将两个 ARM Cortex-A9 内核与一个 GeForce GPU 相结合，使移动设备在处理复杂任务时速度更快，画面更流畅。Tegra 2 双核处理器的推出，为移动设备带来了革命性的变化。它不仅提高了移动设备的性能，还降低了功耗，使移动设备在保持高性能的同时，拥有更长的续航时间。这款双核 GPU 以其高性能效果让业内大为震撼，英伟达股价两天就应声大涨 30%。

也是在 2 月，黄仁勋发布 Tegra 2 后又马不停蹄地发布了更新版的 CUDA 4.0。CUDA 4.0 是英伟达花费两年时间的研发成果，它带来了三个核心的编程与执行方式提升，让更多的开发人员能够更方便地利用 GPU 进行高效计算。

首先，统一的虚拟寻址让程序员更加轻松地管理内存，不再需要分别考虑 CPU 和每个 GPU 的内存空间，统一的内存寻址空间使并行编程更加简单。其次，更直接的 GPU 间通信机制使不同 GPU 之间能够更高效地进行数据交换，避免了之前需要通过 CPU 和内存中转的低效方式。最后，CUDA 4.0 还提供了一系列增强型 C++（一种功能强大、灵活易用的编程语言，被广泛应用于各种领域）模板库，让程序员更轻松地用 CUDA 编程。这些并行算法和数据结构能大大提高运行速度，最快可提升 5 至 100 倍。

此外，CUDA 4.0 还支持多 CPU 和多 GPU 融合，可以将多个 CPU 和 GPU 统一调用进行计算，进一步提高了系统的整体性能。总之，CUDA 4.0 的发布对于英伟达来说是一个重要的里程碑，它不仅提高了 GPU 的计算效率和易用性，还为开发人员提供了更高效的编程和执行环境。这一版本的发布对于推动 GPU 计算技术的发展和应用起到了关键作用。

2011年2月，在一年一度的奥斯卡盛典上，《盗梦空间》和《哈利·波特与死亡圣器（上）》等科幻大片成为"最佳视觉效果"奖提名影片，英伟达的 Quadro GPU 依旧是所有影片的 GPU 供应商。

比如在《盗梦空间》里，英伟达的 Quadro GPU 就以强大的图形处理能力帮助制作团队在电影的复杂梦境中实现逼真的视觉效果，包括各种细节的场景、物品和人物，以及非常独特的空间和时间扭曲感，呈现出令人惊叹的梦境世界。在《哈利·波特与死亡圣器（上）》中，Quadro GPU 渲染出了许多壮观的魔法场景和逼真的魔法效果，让观众能够感受到魔法世界的真实和神奇。

自 2010 年来，英伟达的显卡已为无数奥斯卡大片提供了视觉支持，为观众带来了更加逼真、震撼的观影体验，这也证明了英伟达在电影制作领域的领先地位。

3月，让我们把视角拉回英伟达和 AMD 的对战。早在 2010 年 12 月，AMD 曾发布过一款针对中高端市场的 HD69 系列显卡，主要面向游戏和多媒体应用。该系列采用了 AMD 的全新架构，拥有出色的图形性能和高效的功耗控制，因此得到了不少好评，卖得还不错。

2011 年 3 月，为对抗 AMD HD69 系列显卡，英伟达发布了 GeForce GTX 590。这款显卡是当时市场上最快的双芯显卡，同时也是世界上同级产品中运行最安静的。所谓双芯，就是说一块 GeForce GTX 590 显卡包含两个 Fermi 级 GPU。它专为超级发烧友以及追求顶级 PC 游戏配置的玩家而设计。

这款芯片能够以 2560×1600 以及更高的分辨率运行当时最前沿的游戏，每块显卡拥有 4 个独立的视频输出接口，用户因此可以为 PC 配置 4 台独立的显示器，也可以利用英伟达的 3D 环绕立体幻境（3D Vision Surround）技术，将游戏画面扩展到 3 台 3D 显示器之上，从而获得紧张激烈、身临其境的立体游戏体验。同时，通过英伟达的 SLI 技术，只需添加第二块 GeForce GTX 590 显卡即可提升 PC 游戏性能，获得令人难以置信的四路 SLI 游戏体验。也就是说，玩家可以使用 4 张显卡同时工作，让游戏运行更加流畅，画面更加逼真。

这款显卡性能强大到让对手望尘莫及，还成功解决了噪声大这个业界难题。要知道，GTX 590 的"哥哥"GTX 580 可是因为噪声大被戏称为"核弹"，而 GTX 590 独特的散热系统和两块均热板能够使运行噪声达到极低水平。在显卡满负荷运行时，GeForce GTX 590 的噪声仅为 48 分贝，比其他品牌产品安静 2 倍以上。对于人耳而言，这种差异意味着 GeForce GTX 590 在提供 3D 游戏体验的同时，其噪声水平仅相当于一个安静的图书馆，而其他品牌的产品则像是一条车来车往的高速公路。

2011 年 5 月，英伟达在加速计算上再次发力，发布了一款打破科学计算世界纪录的产品——Tesla M2090 GPU。该产品是全球最快的高性能计算并行处理器。沃克·罗斯是圣地亚哥计算机中心的研究教授，同时也是 AMBER（一款可为生物学家实现桌面超级计算性能的软件工具）代码的主要捐助者。他表示："这是史上公布过的最好成绩。通过使用英伟达 Tesla M2090 GPU，大学校园里的 AMBER 用户便能够获得极高的应用程序性能，甚至比大量使用超级计算机所实现的性能还要高。"

Tesla GPU 计算卡基于 CUDA 架构开发，是专门为超级计算机和数据中心设计的。这些计算卡针对并行计算进行了优化，并配备了高速内存和存储器，以实现更高的计算性能和数据吞吐量。通过使用 Tesla GPU 计算卡，科学家和工程师可以更快地处理大规模数据集，进行高级模拟和建模，从而加速科学研究和创新。

Tesla GPU 的发布，标志着英伟达将正式用于计算的 GPU 产品线独立出来。凭借着架构上的优势，GPU 在通用计算及超级计算机领域，逐渐取代 CPU 成为主角。

2011 年 5 月，为了补基带的短板，英伟达还收购了基带处理器公司 Icera。基带处理器是手机内部最核心的芯片之一，主要负责处理手机与网络之间的通信，包括发送和接收信号、处理语音通话和数据传输等任务。黄仁勋收购这家公司的目的很明显，那就是进一步扩大英伟达在移动计算领域的影响力。

当时，黄仁勋察觉到移动设备对于图形处理和多媒体处理的需求越来越高，开始研发针对移动设备的图形处理器和相关技术。但是仅依靠自己的力量，英伟达可能无法快速占领市场并获得足够的份额。而 Icera 作为一家专注研发手机芯片的公司，其产品在市场上已经取得了一定的成功。英伟达收购 Icera 后，可以利用其技术优势和资源，进一步拓展在移动通信领域的产品线，提供更完整的移动解决方案。此外，英伟达还通过收购 Icera 获得了更多的知识产权和专利，进一步增强了其在移动通信领域的竞争力。当时，黄仁勋曾对外界称，这是英伟达在移动计算革命浪潮中成为领先公司的关键一步。

2011年6月,美国数字出版平台公司Zinio发布了专为英伟达Tegra 2而优化的蜂巢电子杂志(Honeycomb eZine)阅读器版本。在发布这个阅读器版本之前,Zinio已为多个平台提供了数字杂志阅读服务,包括PC、Mac、iOS、Android等设备。这个新版本的阅读器为使用英伟达Tegra 2芯片的设备用户提供了更流畅、更华丽的数字杂志阅读体验。

从移动显卡到超算,2011年英伟达推出的芯片可谓个个顶尖,出类拔萃。6月,英伟达再次推出了一款号称史上最快的移动图形芯片——GeForce GTX 580M。当时,AMD和英伟达是GPU市场上的主要竞争者,AMD凭借其高端的Radeon系列显卡在市场上占据了一席之地,而英伟达则以GeForce系列显卡与之抗衡。在移动设备领域,GPU的性能对于游戏、高清视频播放以及各种图形处理任务至关重要。

显然,黄仁勋推出GeForce GTX 580M,就是为了在移动图形芯片市场上占据领先地位。这款芯片采用了Fermi架构,是英伟达继GeForce GTX 480之后的又一旗舰产品。与前代产品相比,GTX 580M在流处理器数量、核心频率、纹理填充率和显存带宽等方面都进行了优化和改进。它的500多个处理器可以一起工作,使玩游戏或看视频更流畅,不卡顿。它的新架构带来更快、更流畅的画面,并支持DirectX 11和OpenGL 4.1,这样游戏开发人员就可以创造出更逼真的游戏。GTX 580M还搭配了3D Vision技术,看3D电影或玩游戏时可以得到更真实的体验。除此之外,黄仁勋还设计了双槽散热系统和高效的供电接口,确保显卡在高负荷工作时也能稳定运行，不发热。

这款芯片凭借其强大的性能、高效的散热设计和先进的架构，成为当时市场上最快的移动图形芯片之一。它的推出进一步巩固了英伟达在 GPU 市场的领先地位。

到 11 月时，英伟达在 2 月发布的专门针对移动互联网应用的 Tegra 2 芯片，已经在计算机行业大红大紫，成为移动处理器市场上的明星产品之一。为了继续向移动处理器市场领导者进发，黄仁勋铆足了劲，在 2011MWC 上发布了 Tegra 2 的下一代，代号为"Projecf kal-EL"的 Tegra 3，以及基于 Tegra 3 的功能强大的平板电脑和智能手机。

Tegra 3 作为全球首款四核移动芯片，标志着手机芯片进入四核时代。它集成了 12 个执行单元的 GeForce GPU 图形核心，支持 3D 立体，并支持 2048×1536 的超高清分辨率，CPU 处理能力比上代 Tegra 2 提升了两倍。简单来说，Tegra 3 因为有 4 个处理器核心，可以同时处理更多的任务，让手机运行得更快、更流畅。但由于这款芯片的制程工艺并没有升级，所以功耗表现一言难尽。

制程工艺是芯片制造中的关键环节，它决定了芯片的功耗、性能和体积。制程工艺越先进，芯片的功耗就越低，性能也越好。然而，Tegra 3 的制程工艺并没有升级，这意味着它的功耗并没有降低，反而可能会比双核芯片更高。而芯片的功耗过高不仅会导致手机电池寿命缩短，也会导致手机发热、体积增大等问题。这时，黄仁勋也很快意识到这个问题，开始不断改进制程工艺和芯片设计。

在 2011 年终，老对手 AMD 发起了反击攻势。对标英伟达 3 月发布的 GeForce GTX 590，AMD 在 12 月正式发布了首款 GCN 架构的 Radeon HD 7970 显卡。这款显卡无论在工艺、架构还是计算单元堆叠量上，都达到了一个新的高度，它还支持 PCIe 3.0（Peripheral Component Interconnect Express 3.0，一种高速串行计算机扩大总线尺度）接口，带来性能、兼容性、能效和可维护性等优势。综合来看，GTX 590 在很多游戏中性能更好，而 Radeon HD 7970 在功耗和发热控制等方面表现更优，两家公司算是打了个平手。

回顾 2000 年到 2011 年的这 11 年，英伟达、微软、英特尔、ATI、AMD 5 家巨头混战了数场，角色、地位不断轮换，可以说是高手过招，惊心动魄。至此，整体来说英伟达已成为 GPU 市场中的佼佼者。但这 11 年里，黄仁勋也深刻意识到，一家芯片公司仅凭单一的产品和技术是很难长期稳健发展的。在接下来的日子里，黄仁勋不仅不断开拓 GPU 产品的多样化应用，也更加注重软件生态的搭建。而这，也是英伟达后来能成就万亿芯片帝国的关键。

3. CUDA显灵，迎来AI生意曙光

从2012年开始，黄仁勋苦心培育多年的GPU终于伸展开"三头六臂"，在各个市场各显神通。就像黄仁勋预期的那样，更多扇门向英伟达打开了。

2012年2月，黄仁勋宣布英伟达为所有获得奥斯卡"最佳视觉效果"奖提名的电影提供动力支持，包括获奖作品《雨果》。至此，英伟达已连续3年为众多大片提供芯片支持。这些合作标志着英伟达在电影制作领域无可匹敌的硬核实力和持续影响力。

这一年，英伟达继续与老对手AMD上演着你追我赶的戏码。AMD曾在2011年推出了新一代GPU Bulldozer（推土机），这款芯片在性能和

功耗方面都有很大优势，使英伟达的市场份额受到了威胁。为回应 AMD 的挑战，黄仁勋决定推出全新的图形架构，以重新夺回市场的领导地位。这个新架构就是 Kepler（开普勒）。

2012 年 3 月，英伟达在新品发布会上官宣了 Kepler。Kepler 是英伟达第二代 DirectX 11 图形架构产品，与前代产品相比，Kepler 架构的显卡在性能和能效比方面都有了显著提升。在发布会上，英伟达还展示了旗舰型号 GTX 680 的性能表现。对于游戏台式机，GTX 680 可提供快速、丝滑和丰富的用户体验。对于笔记本，GeForce 600M 新系列产品允许厂商进行体积更小、功能更强大的设计。值得一提的是，与竞争对手的显卡相比，GTX 680 的性能更加出色，功耗控制也更加优秀。

Kepler 的问世标志着英伟达进入了高性能、低功耗时代。同时，GTX 680 也成功成为市场上最受欢迎的游戏显卡之一，使英伟达重新夺回了单芯显卡"卡皇"的地位。

在 GTX 680 发布后不久，5 月，黄仁勋又将两张 GTX 680 合并，发布了"双芯"GTX 690。当时，在与 AMD 的激烈竞争下，英伟达要想坚守"卡皇"宝座，只能咬紧牙关，持续迭代高性能显卡。GTX 690 作为双核心显卡，性能比单核心的 GTX 680 高出许多。同时，GTX 690 的显存容量也比 GTX 680 更大，这有助于提高游戏性能和图形渲染速度。当然，作为一款支持顶级游戏体验的高端显卡，GTX 690 价格也比较贵，当年的首发价格高达 999 美元。

但是，制造高性能芯片的代价是只能采用高频设计。GTX 690 显卡的核心频率高达 1GHz 左右，带来了严重的散热问题。GTX 690 测试时电容直接爆炸，被网友戏称为"战术核显卡"，还进了百科词条。后来，某电视台信以为真，误把它写到了军事节目里。主持人一本正经地说："搭载了 GTX 690 战术核显卡的榴弹，只需一发就能摧毁一个航母战斗群！"从"煎鸡蛋"到"摧毁航母战斗群"，英伟达这些年可没少造"核弹"，而且一个比一个威猛。节目播出后，黄仁勋随即获封"两弹元勋"，英伟达"核弹工厂"的名号也不胫而走。

被调侃的名号可真算不上什么好名头，这让黄仁勋无奈又头痛。但紧接而来的好消息，却让黄仁勋无比兴奋。2012 年，黄仁勋砸下血本的赌注终于等到了曙光，英伟达终于等到了自己的时代。黄仁勋曾说过，CEO 的工作就是要着眼未来，站到树下，这样当苹果落下时才可以迅速抓住。如今，英伟达的"苹果树"终于开花了。

早在 2010 年，英伟达 GPU 就曾帮助谷歌的 AI 项目谷歌大脑成功训练出了更加复杂的神经网络模型。2012 年，英伟达在 AI 领域往前迈了一大步，黄仁勋更是将 2012 年视为英伟达的重要转折点，称这一年是"人工智能发展标志性的一年"。

2012 年 6 月，斯坦福大学举办了一场名为 ImageNet（形象网）的计算机视觉挑战赛，参赛者需要训练一个计算机视觉模型来识别图像中的物体。在这个比赛中，一个由两块英伟达 GTX 580 GPU 训练出来的 AlexNet 模型，以压倒性优势击败了谷歌、微软等众多科技巨头，赢得了比赛的冠军。

AlexNet 是一个深度卷积神经网络，它相当于一个有很多层又很深的神经网络，像一串串电话线一样，可以学习很多复杂信息。值得一提的是，这个模型的成功也要归功于深度学习鼻祖杰弗里·辛顿教授，也就是之前找英伟达要芯片但是被无情拒绝的那位教授。最初，是杰弗里·辛顿教授提醒自己的两个学生，可以试试用 GPU 代替 CPU 训练 AI 模型。于是，教授的这两个学生才做出来 AlexNet，在 ImageNet 上大放光彩。而他的两个学生中，有一位名叫伊尔亚·苏茨克维的年轻人，就是后来的 OpenAI 联合创始人。

AlexNet 的胜利让英伟达在 AI 领域彻底火了，人们开始意识到 GPU 在 AI 开发中的重要性和广泛应用空间。当时，AI 技术正在快速发展，而 GPU 的并行计算能力正好符合 AI 算法的需求。这标志着整个人工智能历史上算力的重大突破！而英伟达装载了 CUDA 的 GPU GTX 580，从因为功耗和发热问题而臭名远扬的"核弹显卡"，一夜之间变成了通往未来最必要的装备。很快，谷歌、IBM 等大厂及各个高校实验室纷纷开始向英伟达订购 GPU。

值得一提的是，在这次 ImageNet 挑战赛中，CUDA 发挥了至关重要的作用。黄仁勋一意孤行重金投资的 CUDA 终于等到了逆风翻盘的时机。正是因为 CUDA 的出现和发展，才使 GPU 在 AI 领域大放异彩。CUDA 提供了一种简单而有效的编程接口，使开发者能够轻松地利用 GPU 的计算能力来实现高效的机器学习算法和深度学习模型。后来，黄仁勋还将 AlexNet 与 CUDA 结合，使得 GPU 被广泛应用于深度学习的训练和推理，从而大大加速了深度学习的研究和发展。

黄仁勋后来在接受采访时说，他只知道自己押注的是"加速计算"，并相信这是未来。如果这份坚持是对的，那么更大更宽的市场会向他打开大门。事实证明，他又一次赌对了。从那以后，黄仁勋经常在各种场合为AI站台，也不断推出新的GPU产品，为AI开发者提供更加强大的计算能力。同时，黄仁勋还积极与各大高校和研究机构合作，推动AI技术的发展和应用。

2012年10月，黄仁勋将GPU与云计算结合，再次推出重磅产品——GRID（网格计算），这意味着全球首款虚拟化GPU问世。简单来说，GRID相当于一种高效的云计算平台，它可以将图形处理任务转移到云端，让多个用户共享一个GPU，提高了资源的利用率，且降低了成本。

假设一个游戏玩家电脑硬件配置不高，无法流畅运行最新的大型游戏，这时，英伟达的GRID系统就像一个高效的电力公司，它将图形处理任务转移到云端，也就是远程的服务器上，这个电力公司可以同时为成千上万的家庭供电，大大提高了资源的利用率。

对企业来说，GRID能够提供更灵活且高效的GPU资源管理方案。通过GPU虚拟化，每个虚拟机都能独立使用GPU资源，确保了应用的稳定运行。同时，GRID系统还能动态管理GPU资源，根据实际需求灵活分配和释放资源，使得资源利用更加高效。此外，GRID还可以应用于其他很多领域，比如虚拟桌面部署、加速图形输入/输出的处理速度等。

除了在个人电脑上不断发力，黄仁勋也一直在向超级计算这座人类科研高峰进发。在此之前，英伟达的GPU加速计算技术和CUDA编程模型，已经让无数科研人员和开发者用上了更强大的GPU计算能力，进一步推动了超级计算机的发展。黄仁勋还与超级计算机制造商建立了合作关系，共同开发了基于 GPU 的超级计算机系统。

2012 年，黄仁勋再次带领英伟达在超级计算领域实现了重大突破。这年 10 月，美国橡树岭国家实验室推出世界顶级超级计算机 Titan（泰坦），由基于 Kepler 的英伟达 Tesla GPU 提供支持。这款超级计算机的名字取自希腊神话，Titan 是泰坦巨神的统称。

橡树岭国家实验室是美国能源部最大的科学和能源研究实验室，从事核能和能源等领域的研究，同时也涉及高性能计算、物理、化学、材料科学等领域。在高性能计算领域，超级计算机一直是一个重要的研究对象。随着科技的不断发展，超级计算机的性能也在不断提升，以解决更加复杂和大规模的科学问题。在这个背景下，橡树岭国家实验室决定打造一台全新的超级计算机，以提供更加强大的计算能力。

当时，在高性能计算领域，英伟达的 Tesla GPU 是绝对的王者，橡树岭国家实验室决定采用英伟达的 GPU 来支持超级计算机的核心计算，他们最看重的是英伟达 GPU 出色的浮点性能和并行处理能力。浮点性能是衡量芯片性能的重要指标之一，可以理解为芯片进行浮点运算的速度和能力。在进行科学计算、大数据分析、游戏画面渲染等方面需要大量浮点运算的场景中，芯片的浮点性能越高，处理速度就越快，电脑运行就越流畅。

英伟达的 Tesla GPU 提供了一个更加可靠和高效的计算平台。Titan 基于 Tesla GPU 的计算能力，对科学研究和工业界都产生了重要影响。它能够帮助人们攻克一些全球最艰难的科学难题，并为工业界大规模计算的应用提供支持。

本次合作是英伟达的 GPU 首次被用于如此高规格的超级计算机中，展示了英伟达在高性能计算领域的优势和应用潜力。此外，超级计算机市场是一个重要的高端市场，对于 GPU 的需求量较大。通过与橡树岭国家实验室的合作，英伟达也有机会进一步拓展在这一领域的市场份额。

这一年，英伟达还跟特斯拉展开了更深度的合作。早在 2011 年，特斯拉和宝马的车内信息就开始使用英伟达的 Tegra 2 芯片。2012 年，特斯拉 Model S 宣布采用英伟达的 Tegra 3 芯片，于 2012 年 6 月开始向用户交付。Model S 的 12.3 英寸液晶仪表盘和可触控的 17 英寸中控信息娱乐屏幕，分别运行在两块不同的英伟达 Tegra 芯片之上。

这里我们有必要讲一下芯片对于电动汽车的颠覆性作用。在燃油车时代，人们更多关注的是发动机、变速箱和底盘。而到了新能源车时代，智能驾驶、智能座舱和续航成为新焦点。其中，智能驾驶和智能座舱更是高度依赖芯片算力，车机一旦因为芯片卡顿、死机，甚至黑屏，行车就很容易发生危险。作为全球新能源汽车的龙头企业，特斯拉老板马斯克自然很明白芯片算力的重要性。

当时，英伟达的芯片完胜其他厂商，成为特斯拉最好的选择。于是，特斯拉在第一代智能座舱就用上了英伟达的 Tegra 3 芯片。

在研发和迭代各种芯片，把芯片推向各类应用市场的同时，英伟达也为"绿色计算"技术做出了突出贡献。什么是"绿色计算"呢？

相信大家都知道，工业时代注重能源的开发和利用，而信息时代则更加注重算力的提升和发展。但其实，数据计算也需要消耗能源，计算机硬件在处理、存储和传输数据时，都需要能量来驱动。就像车辆行驶需要汽油一样，计算机运行也需要电能。比如，在一个中等规模的数据中心里，有数千台服务器在 24 小时不停地工作，这些服务器每时每刻都在消耗大量的电能。近几年，中国数据中心每年运营所需的电量已经超过了三峡大坝的年发电量。

而英伟达的 GPU 加速计算技术和 CUDA 编程模型，能够实现更高效的计算，减少功耗，为科学家们提供更高效、更环保的计算工具。此外，黄仁勋还积极推广绿色数据中心技术，帮助企业和组织降低能源消耗和碳排放。英伟达还采取了一系列环保措施，例如优化供应链管理，降低废弃物产生，提高能源效率等。

2012 年 11 月，英伟达被美国《新闻周刊》评为美国第六大绿色环保公司。这一荣誉凸显了英伟达在环保和可持续发展方面的努力和成就，英伟达的技术和解决方案有助于推动绿色计算技术的发展，为环境保护和可持续发展做出贡献，英伟达的环保实践也为其他企业树立了榜样。

总的来说，2012 年英伟达不仅在技术上取得了重要突破，还在电影视效、AI、超级计算、自动驾驶等市场获得了广泛应用和认可。回过头来，我们再看下竞争对手 AMD 的动向。2012 年，不仅黄仁勋被封了个"两弹元勋"，老对手 AMD 也在中国拿了个"农企"的称号，堪称业界的两大逸闻趣事。

AMD 可能是觉得自家产品价格亲民，性能又稳健，想走接地气的路线，所以在 2011 年到 2012 年大开脑洞，用质朴的农用设备名字命名了一系列新 CPU 架构，比如"推土机""打桩机""压路机"……再加上美国有家名叫 ADM（Archer Daniels Midland，艾地盟）的农产品公司与 AMD 一起进入中国市场，让很多人分不清，更坐实了 AMD"农企"的称号。

4. 站台小米，携IBM建数据中心

早在很多年前的一次采访中，黄仁勋就曾预言，下一个时代会是"裤兜里的计算机"时代。2013年，AMD一直与英伟达针锋相对，英特尔又一直虎视眈眈想要吞并英伟达，于是，黄仁勋希望从当时迅速发展的智能手机市场反杀，找到新的立足点和发展空间。

2013年1月，在2011年推出的Tegra 3的基础上，黄仁勋在CES大会上发布了全球最快的四核移动处理器Tegra 4，其性能与电池续航时间完美支持智能手机、平板电脑、游戏设备、汽车信息娱乐系统、导航系统以及PC。

Tegra 4的制程升级为当时最先进的台积电28纳米工艺，这款芯片性

能是 Tegra 3 的 6 倍，具备超强的图像处理能力，可实现以往 2.6 倍的网页浏览速度、更加逼真的游戏体验和更高分辨率的屏幕显示效果。Tegra 4 还具有前所未有的电能效率，可以减少 45% 的功耗，实现最长 14 个小时的手机高清视频播放。这款芯片最亮眼的新功能还要数计算照相，它结合 GPU、CPU 和相机图像信号处理器功能，支持高动态范围照片和视频的自动拍摄，能拍出接近肉眼效果的照片。

当时，中国凭借广阔的消费市场，移动手机市场生机勃发，所以，中国手机厂商成为英伟达这款芯片的主要合作伙伴。先是小米手机 3 成为全球首款搭载 Tegra 4 的终端，不久后，酷派大观 4、中兴 N88 等手机也都陆续开始跟英伟达合作。

值得一提的是，2013 年小米手机 3 发布时，黄仁勋还被雷军邀请到发布会现场——这是黄仁勋罕有的内地行之一。从小就被送到美国的黄仁勋说起中文并不利索，但在发布会现场，他还是用中文自信地喊出："英伟达的 GPU 是世界最棒的。"下台前，黄仁勋还十分可爱地摆出"V"和"五"的手势，连连喊出"小米威武"。

当年，英伟达虽已上市多年，但跟小米（2018 年才上市）的估值相比，还是小弟般的存在。因为当时小米站在了中国智能手机发展的风口上，2013 年卖出了千万部手机。尽管发布会上两个人谈笑风生，但雷军并没有把宝全押在英伟达上面，小米 3 的联通和电信版用的都是高通处理器。现在看来，雷军的眼光确实毒辣，英伟达在移动芯片上确实是"先天不足"。

当时，Tegra 4 集成的 GPU 被誉为"世界最强"的 GPU 之一，黄仁勋是准备拿这款芯片打一场翻身仗的。但是，由于英伟达在基带芯片领域的技术匮乏，这款产品也没有搭载高通的基带芯片，一时间，过热、卡顿、兼容性等差评蜂拥而至。另外，英伟达从电脑芯片"半途转行"到手机芯片，底层架构上也有点儿"水土不服"。

基带是什么？为什么会导致英伟达在移动芯片上的败局呢？简单来说，基带是手机中负责处理和传输信号的重要组件。英伟达不像高通和华为那样拥有大量的基带研发专利，所以无法将基带技术集成到处理器上，这直接影响了英伟达芯片的整体性能。如果我们将手机比作一辆车，基带就是车上的发动机，发动机的性能直接决定了车的速度和稳定性。如果英伟达做不好基带，就很难支持一部高性能手机。

当时，黄仁勋也尝试过补救，发布了一款搭载基带芯片且在 GPU 核心规模做了缩减的 Tegra 4i，但由于上市时间太晚，性能优势不够突出而败北。没过多久，在 4G 普及的前夜，高通靠着全自研的 CPU 和 GPU 架构以及 SoC（System on Chip，即片上系统）集成的"全网通"方案，渐渐把包括英伟达和德州仪器在内的一众老牌劲敌远远甩在了身后。黄仁勋也萌生退意，逐渐退出手机芯片市场。SoC 可通俗解释为一台微型计算机，即移动手机芯片，包含了处理器、存储器、输入/输出接口和其他特殊组件，能够使设备以更高效、更低功耗的方式运行。

手机芯片不好做，游戏芯片可是英伟达的看家本领。随着电脑游戏的普及，游戏玩家对显卡要求也越来越高。在过去的几年中，英伟达和 AMD 竞争激烈，轮番推出各种超强的显卡。

2013 年 2 月，黄仁勋推出了面向游戏玩家的单核显卡 GeForce GTX

Titan，这款显卡在当时被誉为顶级旗舰显卡，其诞生可谓开启了"超级计算机游戏时代"，当时售价高达 1000 美元。

当年，ZOL 评测编辑陈虹安曾写道："它（GeForce GTX Titan）的性能功耗比被提升到了新的高度，它的游戏性能让任何单芯显卡都望尘莫及，它甚至没有一个数字的编号——常规的英伟达产品线数字编号已经找不到容纳它的合适位置了。"这款芯片后来也成为全球自动驾驶汽车和高级驾驶辅助系统的算力基础。

枪打出头鸟，英伟达的这款顶级旗舰显卡马上就迎来了竞争对手的挑战。2013 年 4 月，AMD 推出了一款双核心高端显卡 Radeon HD 7990，并宣称它为 2013 年最强大的显卡之一。这款显卡采用了两个著名的 GPU——Tahiti XT，总共有 4096 个流处理器，可以在游戏中更多更快地处理图形数据。Radeon HD 7990 还采用了 6GB GDDR5 显存，支持各种现代的通信接口，可以连接多达 5 个显示器。这些旗舰级显卡并非只是用于游戏，还供许多专业视频和图形设计人员来加快处理图形的速度。

AMD 的这款芯片跟英伟达的 GeForce GTX Titan 相比有哪些优劣势呢？Radeon HD 7990 的显存容量比 GeForce GTX Titan 更大，在游戏性能和图形渲染速度上有一定优势。但 GeForce GTX Titan 的单核心性能比 Radeon HD 7990 的双核心更强，在处理单线程应用和游戏时表现更出色。并且，GeForce GTX Titan 采用了更先进的制作工艺，功耗更低，温度更稳定，且长时间使用也不易出现过热等问题。定价上，Radeon HD 7990 的发售价格为 899 美元，略低于 GeForce GTX Titan 的 1000 美元。但随着时间的推移，GeForce GTX Titan 的价格逐渐降低，在性价比方面占据了更多优势。

2013年也是英伟达和IBM首次组建联盟，建立深度合作的重要一年。

IBM是全球最大的信息技术和业务解决方案公司。在历史上，IBM曾是一家封闭的公司，其硬件和软件系统都是自家的产品。然而，随着市场竞争的加剧和技术的发展，IBM意识到，如果继续保持封闭的态度，将难以在未来的数据中心和云计算市场中保持竞争优势。因此，IBM决定开放自家的Power架构，与其他厂商合作，共同推动技术的发展和创新。

IBM的Power架构是一种特殊的电脑指令系统，它和常见的英特尔X86指令系统相比，在执行任务时结构相对简单，因此能够更高效地完成任务。如果将X86架构的处理器比作轿车，那Power架构的处理器就是更快、更强的跑车。

2013年8月，IBM、英伟达、谷歌、泰安以及众多知名的技术厂商联合发起了一个开放式的组织——OpenPOWER联盟（开放式Power生态系统联盟）。大家将基于IBM的Power微处理器进行架构，共同推动服务器、网络、存储、GPU加速技术的发展，为下一代超大规模的云数据中心提供更多的选择性和灵活性。

显然，IBM想借联盟合作扩大自己在服务器市场的份额。同时，其他成员也能够从OpenPOWER联盟中获得新的技术和商业机会。例如，谷歌可以利用IBM的Power架构来优化其数据中心的处理能力，而英伟达可以利用IBM的Power架构来加速其GPU计算的应用。可以说，这个联盟也为整个数据中心和云计算市场注入了新的活力。

英伟达作为推动OpenPOWER联盟发展和成功的重要力量之一，负责提供图形处理器和相关技术，帮助其他成员解决高性能计算和 AI 应用中的技术和性能问题，并与其他成员合作开发新技术和解决方案，共同推动技术的发展和创新。

2013 年，自 Tegra 4 出师不利后，英伟达在手机芯片上越来越吃力。如果放弃手机芯片市场，去哪里寻找新的增长点呢？黄仁勋的答案是：在芯片业务的基础上再往前迈一步，做出自己的平板电脑。

自 2010 年苹果推出第一代 iPad 后，平板电脑开始进入主流市场，逐渐成为风靡全球的 3C 电子产品，成为人们日常生活和工作中的重要工具。这一阶段，市面上也出现了大量五花八门的平板电脑。这时，黄仁勋头脑活络起来：自家的 ARM 架构既高效又省电，完美适配平板电脑，在便携式设备领域的潜力巨大，为什么不自己推出一款平板电脑呢？这样既能满足消费者需求，扩大市场份额，又能推广英伟达的移动处理器技术，一举两得。

2013 年 9 月，黄仁勋发布了英伟达品牌的第一款平板电脑——Tegra Note（国内名为汇威 Fly one）。这是一款具有突破性的触控笔和摄像头功能的完整平板电脑平台，大小为 7 英寸，电池容量为 4100mAh。它使用了英伟达顶级的 Tegra 4 四核处理器，四枚 Cortex-A15 架构核心，辅以 72 核 GeForce 图形处理器，主频最高可到 1.9GHz。除此之外，英伟达还给 Tegra Note 配备了一支自己技术专研的手写笔，类似于三星 Galaxy Note 系列的手写笔。

新手上路，黄仁勋为 Tegra Note 选择了中国的深圳汇威科技作为其制造合作伙伴。汇威也不负众望，这款平板在各种跑分测试上的表现都比较亮眼。但是，跟当时一众竞争对手相比，Tegra Note 并不是一款在硬件配置上特别拔尖的产品。黄仁勋特意为这款平板缩减了闪存存储空间，从而控制了成本，将 Tegra Note 价格压缩到 199 美元，因此，大众还是比较认可这款在性价比方面诚意十足的平板电脑。

2013 年，也是英伟达在加速计算持续进发的一年。7 月，英伟达收购了波特兰集团（Portland Group），这是一家专注于高性能计算编译器和工具的公司，说白了就是研究怎样让计算更快、更有效的公司，他们的技术在科学计算、模拟和其他需要高性能计算的领域都有广泛的应用。

对英伟达而言，这项收购是其加速计算业务的重要一步。通过整合波特兰的技术和专业知识，英伟达能够更好地发展和优化自家的开发者工具，也能更全面地服务于科学计算、AI 和其他高性能计算领域的开发者和研究人员。这次收购也进一步巩固了英伟达在高性能计算领域的领先地位，推动了 GPU 计算技术在各个领域的广泛应用。

此时，继 8 月牵手 IBM，组建 OpenPOWER 联盟后，英伟达和 IBM 开始探索更深度的合作。2013 年 11 月，英伟达与 IBM 决定一起建立企业级数据中心。这标志着 GPU 加速器技术首次突破了超级计算和科技计算领域，进入企业级数据中心。

当时，随着云计算、大数据和 AI 的快速发展，企业对于高效、灵活的数据中心需求日益增长。同时，由于摩尔定律的失效，芯片迭代能力逐渐降低，单纯依靠 CPU 已经无法满足日益复杂的计算需求，因此，需要寻找新的解决方案来提高数据中心的性能和效率。这才有了英伟达和 IBM 的这次合作。

两家公司计划在 GPU 加速版本的 IBM 系列企业软件应用上展开合

作，让 IBM 的客户能够更快地处理、保护以及分析海量的流式数据。英伟达与 IBM 还计划将英伟达 Tesla GPU 的协同处理功能与 IBM Power 处理器相结合，让各大企业能够更轻松、更高效地采用用于科技领域的那类超级计算硬件来处理各种计算任务，例如空间探索、解码人类基因组以及加速开发新产品。

同时，英伟达还将和 IBM 一起设计开发新型超级计算机系统和服务器。当时，英伟达芯片一共被用在 38 款超级计算机中，帮助它们提升运算速度，降低能耗。事实证明，这次强强联手的合作很成功。后来，在全球超级计算机 500 强排名中，IBM 和英伟达都表现不俗，排名迅速提升。通过将 IBM Power8 CPU 与全球性能最高、最节能的 GPU 加速器相结合，两家企业提供了全新级别的技术，为各类科学、工程、大数据分析以及其他高性能计算任务最大限度地提升了性能与效率。

总的来说，2013 年，黄仁勋虽然在手机芯片上碰了壁，但发布了超算标准的超级游戏显卡，在高性能计算能力上不断晋升，和巨头 IBM 合作迎来更广阔的发展空间，还试水推出了英伟达品牌的第一款平板电脑，可谓收获颇丰。

5. 手机败退，正式官宣转型AI

2014年，黄仁勋向媒体宣布退出手机芯片市场，宣布移动端战略失败。

想当年，苹果第一代手机发布后，黄仁勋预言未来的智能手机将"薄得像纸"，由此决定进军手机芯片市场，在2008年移动世界大会上发布了第一款移动处理器。如今，6年过去，黄仁勋对智能手机的潜力预判没有错，但在手机芯片上终究没有取得主动权。

黄仁勋在2014年选择退出手机芯片市场，原因很简单。一直以来，英伟达的业务主线是生产高端显卡，因为移动处理器其实利润并不高，英伟达所占的市场份额也较小。同时，英伟达在移动处理器领域面对的对手是高通、联发科等企业，这些公司有资深经验、广泛的产品线和深入的市场布局，英伟达很难获得优势。

虽然手机芯片拼不过人家专业厂商，但在当时，平板、车机芯片已逐年发展成为业界的"新蛋糕"，这方面英伟达可是毫不逊色。

2014年1月，英伟达在CES大会上推出了Tegra K1 CPU处理器。它采用英伟达最新的Kepler架构，配备192个CUDA核心，将全球速度超快的GPU的DNA注入了移动设备。Tegra K1有两种版本，一种是基于Cortex-A15架构的32位四核心版本，最高主频为2.3GHz；另一种是基于64位ARMv8架构的双核丹佛（Denver）CPU核心，最高主频可达2.5GHz。所以，虽然Tegra K1主要用于图形处理，但也可以被视为一种CPU，因为它具有处理和执行指令的能力。

英伟达Tegra K1芯片的定位依然是游戏，但性能却升级了一大截。之前Tegra系列都是以数字命名，而这款芯片是K打头。跟之前的Tegra系列相比，Tegra K系列的CPU采用了更先进的架构设计，拥有更高的性能和更低的功耗，能提供更流畅的游戏体验和更高质量的图形渲染。用数据说话就是，Tegra K1的性能比之前的Tegra 4大致提升了4倍，更是超越了英特尔HD 4200核心显卡以及骁龙800所采用的Adreno 330，以及苹果iPad mini和iPad Air所采用的A7。

Tegra K1性能飞涨，功耗与发热自然也非常高，不太适合用在手机上。黄仁勋设计这款芯片时，瞄准的是安卓平板及自家的掌机，此外，也有部分车企采购这款芯片用在车机上。搭载英伟达Tegra K1处理芯片的首个产品，是这次CES大会上联想发布的ThinkVision 28显示器，而小米平板是搭载这款芯片的首个平板设备。

2013年，小米手机3的移动版曾采用英伟达Tegra 4四核处理器，双方可以说是老朋友。这次搭载Tegra K1的是小米平板6 Max，这款产品在其他配置上也达到了很高的水准，在市场上取得了不错的销量。

除了Tegra K1，黄仁勋还针对游戏和家庭娱乐场景，专门为笔记本和小型PC等功率受限的设备开发了一款新架构和新GPU。

2014年2月，黄仁勋发布了Maxwell（麦克斯韦）架构及新款GPU。Maxwell架构是一种针对移动设备和节能优化的图形处理器架构。

英伟达推出的首款基于Maxwell架构的GPU为GeForce GTX 750Ti，这款芯片的性能在1080p分辨率下可与4年前的旗舰GeForce GTX 480比肩，但热设计功耗为60W，仅为后者的1/4。Maxwell架构的节能优化包括改进的电压调节、更高效的时钟门控和更先进的动态功耗管理技术。这些技术使Maxwell架构在提供高性能的同时具有较低的功耗。在发布后不久，Maxwell架构的GPU就被广泛应用于智能手机、平板电脑和其他移动设备上，成为当时市场上最受欢迎的GPU之一。

2013年，英伟达曾推出自家的第一款平板电脑Tegra Note，这款平板更注重通用性和多任务处理能力，说白了就是什么都能干，但干什么都不精。2014年，伴随安卓游戏市场迅速拓展，数百万玩家猛然发现，平板电脑比台式电脑更便携，比智能手机更大屏，简直天生就是用来打游戏的一把好手！这让黄仁勋意识到，是时候为游戏玩家专门打造一款平板电脑了。

7月，黄仁勋瞄准忠实的硬核安卓玩家，发布搭载英伟达自研的

Tegra K1 处理器和 8 英寸屏幕的 Shield Tablet（盾牌平板电脑）。

Shield Tablet 被称为"为玩家而生的终极游戏平板"，处理器自然十分强悍。这款平板配备了英伟达 Tegra K1 处理器，提供了 4 个 2.2GHz 的 Cortex-A15 架构 CPU 和 192 个 CUDA 核心的 Kepler GPU，能为玩家带来流畅的游戏体验和 PC 级特效。此外，Shield Tablet 采用了 8 英寸 1920×1200 分辨率的高清液晶显示屏，前后都是 500 万像素摄像头。

这款平板的 16GB 版本售价 299 美元，32GB LTE（Long Term Evolution，即长期演进技术，通俗称为 3.9G）版售价 399 美元。跟当时市面上的其他平板相比，这个价格还是颇具性价比的，因此这款游戏平板上市后很受欢迎。

Shield Tablet 这款平板不仅寄托着黄仁勋称霸便携游戏领域的雄心，也带动了整个安卓游戏市场的繁荣发展。它新增的方向键、双摇杆、顶部快捷键和触控板等创新交互方式，也提高了游戏的顺滑度和可玩性。黄仁勋还特意为这款设备建立了 Shield Hub 游戏社区，让玩家下载和购买游戏，与其他玩家交流和分享游戏经验。英伟达还与多家游戏开发商合作，为 Shield Tablet 推出了许多专门优化的更好玩的游戏。

2014 年，英伟达的老对手 AMD 还发生了一个大事件，并由此迎来低谷重生的重要转折点。2014 年 10 月，原本担任 AMD 全球业务部门资深副总裁兼总经理的苏姿丰一跃成为 AMD 第一位女性 CEO。当时，AMD 因为市场竞争加剧、财务困境、技术落后等问题，背负着 22 亿美元的债务，业务也陷入低谷，穷得只能出售自己的园区改为租用。

接手这个烂摊子后，苏姿丰第二天就在全员电话会议上向沮丧的

AMD员工发表了一番演讲。她说："我相信我们能够打造出最好的产品。"新官上任三把火，苏姿丰强调要做好"打造杰出的产品、强化客户的信任、精简公司"三件事，带领AMD进行全面改革和提升，逐渐恢复了AMD在市场和技术领域的竞争力和地位。因此，业内对"硅谷半导体女王"苏姿丰无不刮目相看，苏姿丰也被誉为AMD的救星，被AMD的工程师们亲切地称为"苏妈"。

AMD的创始人杰瑞·桑德斯在1994年展示AMD最新技术时，曾喊出芯片史上的著名豪言："真正的男人要有晶圆厂。"让人感慨的是，随着技术的发展和行业竞争的加剧，包括AMD在内的许多芯片公司都放弃了自己的晶圆厂，将制造外包。而AMD最终也在一个女人手里逆势翻盘。

有趣的是，苏姿丰其实是黄仁勋的表外甥女，比黄仁勋小6岁，苏姿丰的外祖父罗伯沐与黄仁勋的母亲罗采秀是亲兄妹。苏姿丰1969年出生于台南，后移民美国，取得麻省理工学院电机工程博士学位。当别人问起她为什么选择这一专业时，这位女学霸面不改色地表示："因为听说这是最难的专业。"毕业后，苏姿丰曾在德州仪器、IBM等公司任职。在加入AMD之前，她曾在飞思卡尔半导体担任总裁兼CEO，并在那里实现了多个重要的战略目标。

苏姿丰幼年时于1972年赴美，当时，她的父亲在哥伦比亚数理统计所攻读博士，家庭条件优渥。巧合的是，黄仁勋与哥哥也是这一年去的美国读书。但两相对比，寄人篱下又进了感化学校的黄仁勋兄弟俩就悲惨多了。同样出生于台南，年少赴美；同样一头白发，执掌芯片巨头企业激烈厮杀，黄仁勋和苏姿丰这对表亲的对垒堪称全球半导体行业的一大奇观！

芯片行业向来不缺造富神话和破产故事，各种五花八门的专利官司也是层出不穷。2014年，英伟达又一次和同行厮杀到了法庭。

2014年第三季度时，苹果的自研移动芯片占据了整个市场13%的份额，高通是42%，三星为4%，而英伟达在移动手机芯片上的市场占有率下降到仅仅1%。黄仁勋虽然已经决定退出手机芯片市场，但突然发现事情不对，自家的专利正在被同行非法使用。于是，2014年9月，英伟达率先发起诉讼，说三星和高通在它们的SoC芯片中使用了英伟达GPU的7项专利权。两个月后，三星也提出反诉，指控英伟达推出的Shield Tablet平板电脑侵犯了三星的8项专利。到底谁有理，一时间也难以说清，官司一打就是两年。

话说回来，英伟达在2014年宣布退出手机芯片市场后，英伟达专为移动设备研发Tegra系列多年，倒也不是竹篮打水一场空。2015年，黄仁勋转变了设计目标，从此前瞄准芯片功耗和效率表现，改为专注于提升芯片性能。在研发Tegra系列芯片过程中，英伟达还积累了丰富的SoC开发经验，这虽然最终没能撬开移动市场，却帮助英伟达快速布局了智能汽车时代。简单来说，SoC是一种将各类组件集成在一个芯片上的技术，可以使整个系统或者产品体积更小，性能更强，功耗更低。其强大的计算能力和高效的能源管理，能让车辆在使用上更智能，行驶中更安全。

其实，黄仁勋一开始并没有看上自动驾驶市场，因为他觉得这个市场的利润率不高，毕竟服务器领域的利润率高达60% ~ 70%。但在智能手机业务折戟沉沙之后，黄仁勋开始认定：基于电动汽车的自动驾驶是英伟达在端侧发展的最好方向。同时，借由自动驾驶的探索，英伟达才正式投身于深度学习领域。

2015年1月，英伟达继续迭代Tegra系列，推出了Tegra X1。这款芯片制程为台积电20纳米工艺，采用了"四块A57+四块A53"的八核架构，拥有256个CUDA核心，可实现每秒1万亿次浮点运算的处理能力。这种处理能力可以用于实现高级别的计算和分析，例如，模拟复杂系统的行为，进行高精度的计算，处理大量图像和视频数据等，说白了就是非常适用于深度学习。

除了Tegra X1，黄仁勋还同时推出了搭载Tegra X1的Drive自动驾驶平台。该平台支持成熟的高级驾驶员辅助系统，能够为自动驾驶汽车提供强大的计算能力，帮助车辆实现自主导航、障碍物识别、路径规划等功能。它还可以实现语音识别、自然语言处理、多媒体播放等智能座舱功能，使车辆更加省电，实现车辆安全预警、紧急制动等功能。Drive自动驾驶平台的诞生，打响了英伟达面向自动驾驶产业的第一枪，也标志着英伟达正式投身深度学习领域。

当时，GPU支持深度学习的应用越来越多，这让黄仁勋非常兴奋，开始积极纵深布局。

2015年3月，黄仁勋在GTC大会上发布了专为训练深度神经网络而打造的新"卡皇"——GeForce GTX Titan X。所谓训练深度神经网络，也就是让电脑学习大量数据，让它能够自动理解这些数据之间的关系，这样就能在面对新的数据时做出正确的判断。这款芯片号称史上最强单芯"核弹"，是当时世界上性能最强的单芯显卡。它采用最新的Maxwell

架构，晶体灌输量比双芯显卡 GTX Titan Z 还要多出 10 亿，单卡显存高达 12G。

当时，英伟达以 GTX 980/970 为代表的全新 Maxwell 架构显卡，已经在性能方面全面压制 AMD。虽然 Titan X 的规格比 GTX 980 还要高出一大截，但是这样的规格对于绝大部分玩家来说实际意义并不大。但 Titan X 的定位除了用于游戏外，更侧重于专业计算。对于专业计算来说，性能是没有极限的，这也是为什么 Titan X 拥有超越 GTX 980 的规格以及运算能力。

除了深度学习，英伟达的这款芯片还搭上了另一班顺风车。2015 年，VR（Virtual Reality，即虚拟现实）市场迎来第一波火爆发展，英伟达的 GTX 1080 和 TITAN X 在 VR 上的应用获得了较好口碑。

要说 VR 芯片，也不是谁都能做，它的要求非常高。为实现一个 3D 立体的数字世界，VR 需要的功耗非常大。当时，VR 头显渲染的游戏及应用画面分辨率为 3024×1680，且速度需要保持在 90FPS 不变，否则画面就不够流畅，还有可能会让人觉得眩晕。而英伟达的 Titan X 是当时最快的 VR 显卡，能够完美适配 VR 的运行需求。

一直以来，英伟达起家于游戏，也崛起于游戏。游戏市场太大了，玩游戏的人也越来越多，以至于黄仁勋也终于忍不住下手做游戏机。在 2015 年的游戏开发者大会上，黄仁勋推出了一款颠覆电视娱乐新体验的设备——全球首款安卓电视游戏机 Shield TV（盾牌电视），为千家万户带来视频、音乐、应用以及游戏的 4K 娱乐体验。

基于安卓电视，Shield TV 能够播放顶级画质的 4K 视频内容，具有一键访问、谷歌语音搜索的功能，可为用户带来丰富的安卓应用生态系统。此外，Shield TV 还配备了游戏手柄，能让用户玩到各种优秀游戏。用户可以下载超过 50 款的专为 Shield TV 而优化的安卓游戏，其中包括 AAA 级游戏《孤岛危机 3》《毁灭战士 3：BFG 版》以及《无主之地》等。用户还能利用 GRID 点播游戏流式服务，畅玩自己钟爱的 AAA 级游戏，包括《蝙蝠侠：阿卡姆起源》《超级房车赛 2》等。通俗地说，GRID 点播游戏流式服务就是让玩家像在线看视频一样在线玩游戏，无须下载或安装，随时随地畅玩游戏。

在英伟达推出这款游戏机之前，市场上的游戏机主要由索尼和微软两家领军企业主导，他们都有资深的游戏经验。但是，黄仁勋不怕，因为英伟达也有自己做游戏机的优势。Shield 跟索尼等竞争对手相比，处理器性能较强，显示效果出色，接口全面，功能比较多；缺点是外观设计不够理想，软件生态系统不够完善，游戏资源较少，价格也较高。总的来说，还是可以一搏的。

2015 年是英伟达退出移动芯片市场的一年，也是英伟达正式转型 AI 的一年。从 2012 年开始，黄仁勋看到了 GPU 在图形运算之外的潜力，自研出适合深度学习发展的 CUDA，使 GPU 替代 CPU 成为 AI 训练市场的首选。此后，英伟达不断开疆拓土，扩展其产品线和服务范围，将业务从单一的图形处理扩展到 AI、高性能计算等多个领域。英伟达还提供了 TensorRT、cuDNN 等一系列 AI 软件工具和框架，帮助开发者更高效地使用 GPU 进行深度学习应用开发。在 2015 年前后，英伟达已成为深度学习领域的领导者和 AI 领域的重要玩家。

黄仁勋为什么决定在 2015 年转型 AI？首先是因为 AI 技术的快速发展，以及 AI 在自动驾驶、医疗保健、金融等领域的广泛应用，让黄仁勋看到了自家 GPU 的无限"钱景"。其次，当时英伟达在游戏市场上的地位已经相当稳固，但游戏市场的增长空间有限。英伟达转型为 AI 公司，可以进入一个蕴含无限机遇的、更广阔的市场。

由此，在 2015 年 5 月的 GPU 技术大会上，黄仁勋正式官宣：英伟达将转型为一家专注于 AI 的公司。在官宣转型后，黄仁勋进一步加强了对 AI 领域的投资，推出了一系列针对 AI 应用的 GPU 和软件产品，并与其他科技巨头积极展开合作。

2015 年 9 月，基于最新的 AI 转型战略，黄仁勋发布了模块化超级计算机 Jetson（杰森）TX1。Jetson TX1 是基于 ARM Cortex-A57 MPCore CPU 和 Maxwell GPU 架构的嵌入式系统模块。它设计的目的是满足下一代产品的工业视觉计算要求，同时提供高性能和低功耗的计算能力。

Jetson TX1 作为一款嵌入式系统模块，具有强大的计算能力和低功耗的特点，非常适合用于智能无人机、机器人等需要实时计算和低功耗的场景，包括智能家居、医疗保健、自动驾驶等领域。此外，Jetson TX1 还被用于构建 AI 平台和开发智能硬件产品，支持多种操作系统和编程语言，方便开发者进行开发和部署。这款超算发布后得到了众多开发者和企业的关注和使用。

最后，我们来回顾下 2015 年英伟达和老对手 AMD 的战况。新老板苏姿丰上任后，AMD 的市场份额虽然还是落后于英伟达，但正"磨刀霍霍"准备赶超上来。

2015年底，还有一个AI领域的潜力之星悄然问世。这年12月，埃隆·马斯克、萨姆·奥尔特曼、格雷格·布罗克曼等人共同创立了OpenAI，并由此与英伟达结下了千丝万缕的不解之缘。

第五章

AI 浪潮下的新世界

黄仁勋也说过，自己之所以好斗，不是为了消灭对手，而是因为太爱这个行业。他喜欢打游戏，才把图形计算当作事业；喜欢芯片行业，才在激烈厮杀的芯片战场越挫越勇。对他来说，"工作"是一个不正确的词，自己每天都在玩。只有做自己喜欢的事，挑战最难、最重要的问题，才能改变世界。

1. AI元年，慧眼投资OpenAI

2016年，英伟达开始全面向人工智能转型。开年，黄仁勋就推出了三款重要产品：Pascal（帕斯卡）、DGX-1和Drive PX 2。这些产品为AI革命注入了强劲动力。

Pascal是英伟达全新的GPU架构，它采用了先进的16纳米制程工艺，使显卡的性能和能效比得到大幅提升。这个架构的推出，使英伟达在图形处理领域的领先地位更加稳固，同时也为英伟达在AI领域的拓展提供了强大的硬件支持。黄仁勋对自家的Pascal显卡十分有信心，毕竟这款显卡是英伟达耗费了3年时间、投入20多亿美元打造出来的结晶。而当时，英伟达一年的销售额也只有50亿美元。

DGX-1是一款专为深度学习设计的超级计算机，可强力支持AI应用程序。它内置了16个英伟达K80 GPU，可以同时进行多个深度学习任务。这款产品的推出，使科研人员和开发者可以更加便捷地构建和部署深度学习模型，进一步推动了深度学习的发展和应用。

Drive PX 2是一款自动驾驶平台，它内置了两个英伟达Xavier GPU，可以处理多个传感器数据，实现自动驾驶。这款产品的推出，为自动驾驶技术的发展提供了强大的硬件支持，同时也为英伟达在自动驾驶领域的领先地位奠定了坚实的基础。黄仁勋称之为"世界上第一个面向自动驾驶汽车的超级计算机"。同时，基于Drive PX 2，黄仁勋还在软件和工具等层面做了大量布局，搭建了一套完整的自动驾驶技术架构DriveWorks（驱动程序工作），包括一些在云端和车端训练或推理的硬件框架，以及一系列软件参考方案等。

值得一提的是，特斯拉也是在2016年公布了Model 3车型。这一年，黄仁勋推出的Drive PX 2被装备在了所有新生产的特斯拉车上，包括Model 3、Model X和Model S。黄仁勋的野心是，要在自动驾驶领域建立起GPU计算生态，为特斯拉等车企进军自动驾驶领域提供保姆式服务。

反观老对手AMD，也在苏姿丰带领下高歌猛进。2016年1月，AMD推出了其新一代的GPU架构Polaris（北极星）。这个架构采用了更先进的工艺和设计，使AMD显卡在性能和效率上有了质的飞跃。同时，AMD也在公关口径上与英伟达针锋相对。当时，英伟达的GTX 950在1080p分辨率60帧设置下运行《星球大战：前线》，AMD表示，自家新产品耗费的电力大幅降低至84瓦，相当于英伟达140瓦的显卡。除此之外，AMD还针对游戏玩家推出了一些性能和散热更好的显卡，以提供更好的游戏体验。

相信很多关注科技领域的朋友都有印象，除了人工智能，2016年同样大热的还有虚拟现实技术。2016年也被称为VR元年，这一年，虚拟现实技术得到了广泛的关注和应用，Facebook（脸书，即现在的Meta）的Oculus Rift（虚拟现实头盔）、HTC Vive和索尼Morpheus（睡神）等消费级VR设备密集发布，让消费者初尝到沉浸式的虚拟现实体验。在游戏领域，VR游戏更是成了最受关注的明星板块，玩家可以身临其境地进入游戏世界，享受更加真实的游戏体验。此外，VR技术也开始被应用于影视、教育、医疗等领域，为人们提供了全新的交互体验和学习方式。

商业嗅觉敏锐的黄仁勋当然不会放过这一杯羹。2016年4月，英伟达推出了全球首款物理效果正确的GPU加速超逼真渲染解决方案——Iray VR技术。Iray VR技术是英伟达的一项重要创新，它能够模拟光线和材质，创造出逼真的交互式虚拟环境。这意味着用户可以在虚拟环境中感受到更加真实的体验，就像身临其境一样。这种技术可以广泛应用于游戏、娱乐、教育、医疗等多个领域。

虚拟现实的爆发必将基于整个生态圈的发展，包括芯片设计公司、游戏公司、硬件设备公司等。2016年4月，中国台湾智能手机制造商HTC（High Tech Computer Corporation，即宏达电子）借由自家推出的VR设备HTC Vive，在北京召开了生态圈大会，宣布联手英伟达、AMD、电子游戏公司维尔福集团（Valve Corporation）、埃匹克娱乐股份有限公司（Epic Games）、优三缔科技（Unity）、华纳兄弟、阿里巴巴、完美世界、优酷、爱奇艺等全球顶尖的13家企业,共同成立了亚太虚拟现实产业联盟。这个"VR朋友圈"将扩大虚拟现实创新的领域和方式,整合培育更多的优势资源,旨在带动中国乃至全球虚拟现实生态圈的健康和可持续发展。

2015年,英伟达曾推出全球首款安卓电视游戏机Shield TV。这款家用电视游戏机推出后,受到了众多玩家的喜爱,同时也吸引了游戏公司前来合作。2016年6月,英伟达宣布与仟游软件科技公司(2K Games)达成合作,双方将把《无主之地2》和《无主之地:前传》两款游戏移植到英伟达Shield平台。这两款游戏都是第一人称射击游戏,在《无主之地2》中,玩家将会扮演英雄,使用不同的职业来完成关卡。而在《无主之地:前传》中,玩家则会来到潘多拉星球,在这里体验发生在正传1、2两部之间的故事。

之前我们讲过黄仁勋作为"皮衣刀客"的神通,他能持续针对不同人群开发不同产品,做不同定价。黄仁勋之所以这样做,是因为要在激烈的市场竞争中打败竞争对手。2016年7月,基于年初发布的Pascal架构,黄仁勋继续发挥"刀客"神通,发布了一款"甜点级"产品——GeForce GTX 1060,以正面迎战2016年6月末正式发售的AMD RadeonRX 480。这款软件之所以被形容为甜点,是因为其性能优秀,但价格相对比较亲民,就像美味的甜品一样,让广大游戏爱好者能够以相对较低的价格享受到高性价比的游戏体验。

作为GTX 960的升级版,英伟达GTX 1060有着远超GTX 960的强大性能,甚至官方宣称其性能在老旗舰GTX 980之上。而AMD

RadeonRX 480 的性能则介于 GTX 970 和 GTX 980 之间，显然被英伟达的这款新产品碾压。

2016 年秋天，黄仁勋又紧锣密鼓地推出了两款新产品。8 月，制程升级为 16 纳米工艺的 Tegra Parker 问世，其 CPU 采用了"四块 A57+ 两块 Denver2"的六核架构，GPU 则升级为全新的 Pascal 架构。9 月，黄仁勋又发布了 Xavier，其制程升级为 12 纳米工艺。Xavier 是英伟达首款为高级自动驾驶研发的芯片，同时也面向机器人和边缘计算等的计算平台。Xavier 前后开发了 4 年，研发投入高达 20 亿美元，动用了 2000 名工程师，它也被英伟达称为有史以来最庞大、最复杂的 SoC 片上系统。几年后，小鹏 P7 成为首款采用 Xavier 平台的量产车。

Tegra 系列芯片发展到了 Xavier 这一代，已经不仅仅是一个处理器了，而是完成了华丽蜕变，成为一个服务于 AI 的超级计算机。所以，黄仁勋为它去掉了"Tegra"前缀。

当英伟达朝着 AI 的大方向大刀阔斧向前时，2016 年，AI 发展也很争气，再次让世人感受到了高科技的震撼。这一年，谷歌旗下深脑（DeepMind）公司研发的阿尔法围棋（AlphaGo）AI 战胜了世界顶级围棋手李世石，这宣告了 AI 在单一领域对人类的完胜，表明人工智能在复杂决策任务上的能力已经达到了一个新高度。

除了 AlphaGo AI 事件，2016 年也是 AI 领域投资和创业爆发的一年，大量资金和人才的涌入推动了技术的快速发展。同时，自动驾驶、智能客服、医疗诊断等 AI 应用开始广泛落地，证明了人工智能技术的商业价值和潜力。因此，2016 年也被称为 AI 元年。

既然是 AI 元年，就该干 AI 元年的事。2016 年也是黄仁勋慧眼识珠，与 OpenAI 达成合作的一年。当时，英伟达的芯片已经被广泛地用于 AI 应用，包括深度学习、自然语言处理和计算机视觉等领域。

2016 年 8 月的一天，黄仁勋亲自上门，把全球第一台 AI 超算 DGX-1 捐给了 OpenAI。当时，OpenAI 成立不到一年，时任 OpenAI 董事长的马斯克亲自接待了黄仁勋，并用切纸机打开了包裹。黄仁勋在机器上签下：致埃隆和 OpenAI 团队，为了计算和人类的未来，我捐出世界上第一台 DGX-1。随后，马斯克及一众早期员工也兴奋不已，拿着马克笔在这台 DGX-1 上写下了自己的名字，其中就包括 OpenAI 现在的当家人——CEO 萨姆·奥尔特曼。

可以说，从这一天起，英伟达的算力催动了 AI 命运齿轮的转动，AI 新纪元由此开启。当时，黄仁勋和马斯克这两位后来各据一方、站在世界科技巅峰的男人，还留下了珍贵的历史性合照，照片里的两个男人笑得像孩子。一周后，马斯克还在社交网站推特（现在的 X）上发文，对黄仁勋和英伟达表达了感谢。

那一年，OpenAI 还是一个非营利的 AI 研究机构，这家公司成立的初衷是希望 AI 新技术广泛地服务于所有人。英伟达为 OpenAI 提供的这台 AI 超算将支持其研究和开发工作，能在一个月内跑完之前一年的数据量。那时，一台 DGX-1 的售价为 12.9 万美元，倒不是很贵，却耗费了黄仁勋和英伟达 3000 名员工 3 年的心血。当时，黄仁勋手里积压了 100 多家公司的 DGX-1 订单，第一台还是捐给了 OpenAI，可谓真爱。毕竟那年，特斯拉汽车搭载了英伟达的 Tegra X2 芯片，黄仁勋和马斯克还是同一阵线的合作伙伴。

2016年，已经在PC市场打下一片天地的英伟达也面临诸多困境。根据IDC（Internet Data Center，即互联网数据中心）数据显示，2016年全球PC出货量为2.59亿台，同比下降5.7%，连续第五年下滑。这是因为智能手机和平板电脑等移动设备越来越普及，功能也越来越完善，很多消费者觉得没有必要再买一台设备，或者延长了更换周期。与此同时，英伟达在GPU市场也面临着AMD、英特尔等强劲竞争对手，尤其是AMD收购ATI后，形成了CPU整合GPU的新解决方案，对英伟达构成了威胁。

让黄仁勋感到欣慰的是，2016年也是英伟达股价重回2008年高点的一年。这主要得益于黄仁勋重金押注的CUDA价值的释放，英伟达提供算力的能力被市场认可，并终于体现到了业绩上。2016年，AI界更加意识到GPU的重要性。虽然其应用还只停留在学术界和科技大厂实验室，但此时华尔街也已意识到，他们曾经给出"零市值"的CUDA，成为英伟达攻占AI领域的一大法宝。经过多年的布局和发展，CUDA的软件生态已经被很多专业人士所推荐和使用，筑成了一道长长的护城河。这时，英伟达的竞争者们也意识到GPU和CUDA生态的重要性，但已经太晚了。

就像之前我们所说的，CUDA相当于把极其复杂的显卡编程，包装成了一个简单易用的接口。当越来越多的程序员使用CUDA来快速提升算力，而CUDA又和英伟达芯片封闭适配时，就基本锁定了英伟达芯片的市场占有率。英伟达利用软件生态绑定硬件的做法，让越来越多的人以会用CUDA为荣，甚至成了找工作、涨工资的必要技能。

2016年，英伟达的另一大成绩是数据中心业务，当年增长了150%以上。英伟达的GPU被广泛应用于数据中心，用于处理大规模的数据和提供高效的网络服务。这一业务的崛起改变了英伟达自2013年以来的增长乏力，为公司的增长注入了新的动力。此外，黄仁勋还专门开发了一系列针对数据中心应用的软件工具和框架，帮助开发者更高效地使用GPU进行深度学习应用开发。

这一年，踩着VR和AI双风口的黄仁勋志得意满，他自豪地说："只要是目前看到的VR硬件，基本上都采用了英伟达芯片。汽车这块，所有特斯拉全部采用了两块英伟达芯片，包括全系的奥迪、全系的宝马等，都安装了英伟达的GPU。"

到2016年底，英伟达王朝的霸业正式建立，双雄争霸也已分胜负——AMD在英伟达步步紧逼之下毫无还手之力，特别是在高端显卡领域。当媒体问到黄仁勋对老对手AMD是怎么看时，黄仁勋无比傲娇地答道："我们已经好多年不看AMD的动作了，当差距是9跟0的时候，已经不是差距的问题了。我们眼里只有我们自己，我们要超越的也是我们自己。"不愧是硅谷最好斗、撑天撑地撑甲方的黄仁勋！

但黄仁勋也说过，自己之所以好斗，不是为了消灭对手，而是因为太爱这个行业。他喜欢打游戏，才把图形计算当作事业；喜欢芯片行业，才在激烈厮杀的芯片战场越挫越勇。对他来说，"工作"是一个不正确的词，自己每天都在玩。只有做自己喜欢的事，挑战最难、最重要的问题，才能改变世界。

2. 身价暴涨，股价涨幅高达10倍

在2016年翻涌而起的那波AI浪潮里，黄仁勋还顺势搞起了智能家居。2017年1月，黄仁勋在CES大会上发布了第二代安卓版Shield TV，借助谷歌助手和SmartThings Hub（智能家居中心）技术，将AI带入家庭。使用者可以用自然说话的方式取代遥控器按钮，命令AI引擎来执行一些简单的任务，还能在电视上显示影像答复。

黄仁勋的目标并不只是智能操控电视，而是实现整屋的智能控制。所以，英伟达同时还推出了随插即用的SPOT人工智能麦克风配件。它能部署在家中每个角落，通过SmartThings Hub技术让Shield摇身变成一部智能家庭中控设备，操控超过200种智能家庭装置。黄仁勋的终极构想，

就是我们想要的那种虚拟 AI 助理，人们只需在咖啡桌旁动动嘴，就能叫车、泡咖啡、启动音乐、询问天气等。这在当时当然还只是一种畅想。

2017 年 3 月，黄仁勋种下的又一棵大树结果了。英伟达的重量级客户任天堂上市了新款 Switch，它搭载了英伟达定制的 Tegra X1 系统芯片。这时，英伟达的 Tegra 移动处理器系列刚好走过了 10 年的历程，搭乘 Switch 发售后爆火的东风，Tegra 移动处理器似乎迎来了大展拳脚的机会。

但是，这次合作却没有得到善果。任天堂的这款游戏机发售后，有消息称黑客已经通过某些手段开始硬破解任天堂 Switch，甚至已经成功了。原来，任天堂在开发这款游戏机时，希望英伟达能定制一款低功耗的芯片，以降低成本。结果英伟达给这款游戏机直接用了现成的 Tegra 移动芯片，导致 Switch 系统存在安全漏洞。任天堂的游戏机之所以会被黑客攻破防线，英伟达芯片虽不是唯一原因，但确实是一个重要的因素。这件事发生后，任天堂立马就终止了与英伟达的合作。

抛开任天堂游戏机的烦心事，此时黄仁勋还是春风得意的。凭借市场对 AI 与游戏芯片的强劲需求，英伟达身价暴涨。伴随 2016 年的事业逆转，英伟达 2017 年第一季度营收同比增长 48%，高达 19.4 亿美元。如果说英特尔在 PC 时代抓住了机会，高通在移动互联网时代抢夺到了先机，而英伟达这家芯片巨头无疑踩中了 AI 的黄金期。当时，黄仁勋也开始积极为制造业、工业、零售业物联网平台提供 AI 计算支持。

2017 年 3 月，为了让所有终端设备实现 AI 技术，黄仁勋在旧金山的 AI 聚会上推出了新一代 Jetson TX2 和 JetPack 3.0 AI SDK。Jetson TX2 仅有信用卡大小，但这个平台却可以为终端应用提供 AI 计算支持，助力打造高度智能化的工厂机器人、商用无人机和智能摄像头等，还能做到低延迟，为云端的 AI 数据库提供最初级的数据筛选，其性能是之前版本的两倍。总的来说，这些设备将支持智能视频分析，使我们的城市更智能、更安全，它们还将助力打造能优化制造流程的新型机器人，并将促成全新的合作模式，使远程作业更有效率。

Jetson 是一款开放式平台，无论是企业、初创公司、研究人员还是高中生都能够访问，并借助其为终端应用，开发高级的 AI 解决方案，而且能够快速上手，对初创公司甚至教育学习都非常有用。而此次发布的 Jetson TX2 是英伟达嵌入式计算系列产品继 Jetson TK1 和 TX1 之后的又一突破。

2017 年 3 月，英伟达进一步进军自动驾驶货车领域，与世界上最大的运输卡车制造商之一的帕卡公司（PACCAR）建立了合作伙伴关系。双方生产了一辆用于概念验证的 L4 级自动驾驶卡车。卡车配备了英伟达的 Drive PX 2 平台，并用人类驾驶半自动卡车的数据训练神经网络。两家公司在公布合作的时候还展示了卡车如何在封闭的道路上行驶，全程车座上都没有驾驶员。

2017 年 5 月，转眼又来到英伟达自家主场的 GPU 技术大会。会上，黄仁勋在主题演讲中坚称，摩尔定律已经终结，设计人员无法再创造出可以实现更高指令集并行的 GPU 架构，晶体管数量每年增长 50%，但 CPU 的性能每年仅增长 10%。而在提供相同的计算力下，GPU 比 CPU 组成的集群要更节能、高效，占用更少的空间。此时，"买得越多，省得越多"

已经成了黄仁勋的口头禅。

黄仁勋能够"口出狂言",一方面是对自家 GPU 能力的自信,另一方面也源于当时市场对图形芯片的巨大需求。要知道,当时的英伟达已经凭借 GPU 赚得盆满钵满。

在 2017 年 GPU 技术大会上,黄仁勋还发布了多款新品。其中,最瞩目的要数全新 GPU 架构 Volta(伏打),它能把当时深度学习神经网络的训练速度提高 12 倍。也是从 Volta 开始,英伟达 GPU 能够兼顾深度学习的训练、推理,这是硬件领域的一个重大突破,极大地推动了现代 AI 的发展。而 Tesla V100 作为 Volta 架构旗舰计算卡,凝聚了英伟达数千名工程师数年的开发精力和累计达到 30 亿美元的研发投入,比上一代的 Tesla P100 的实际性能提升超过 1 倍。

除了聚焦 AI 的新架构、新芯片,黄仁勋在会上发布的另一款吸睛产品是 Isaac(艾萨克)机器人模拟器,它可以更轻松地训练和部署智能机器人。Isaac 其实是英伟达搞的一个机器人 AI 训练环境,这个环境可以模拟现实世界的物理环境,让机器人 AI 在其中进行训练。表现最好的机器人可以进入下一轮训练,最终达到一定标准的机器人就可以被应用到真实世界的各种工作中。

Isaac 的名字取自两位著名科学家,一个是物理学家艾萨克·牛顿,一个是"机器人三定律"提出者艾萨克·阿西莫夫,从这两位科学家的名头,也能看出这个系统有多高大上。通过 Isaac,黄仁勋希望可以降低机器人训练的成本和风险,提高效率和性能,为机器人技术的发展和应用提供更好的平台。

在大会现场，黄仁勋还发布了 GPU 云，能够让开发者跨平台接入最新的深度学习框架，使用最新的 GPU 计算资源；发布了新工具全息甲板项目（Project Holodeck），能够把 VR 和 AI 技术相结合，构建真实的 VR 社交、工作空间；还宣布了开源 Xavier DLA，在为开发者提供 AI 开源平台的同时，也笼络了更多开发者人才。会上，黄仁勋还宣布丰田将在未来几年推出的无人驾驶汽车上使用英伟达的 Drive PX AI 汽车计算平台，英伟达还与奥迪和奔驰建立了合作关系。

当时，黄仁勋已经手握 200 多项汽车协议，可以说在汽车芯片领域无人可敌。2017 年 5 月和 6 月，英伟达与丰田、沃尔沃、德国大众达成合作，共同开发自动驾驶技术。他们将使用英伟达的自动驾驶计算平台 Drive PX，处理车辆传感器的数据和运行复杂的自动驾驶算法。

从芯片、云平台、机器人、自动驾驶到开源平台，这时的英伟达已经完全以 AI 科技公司自居。黄仁勋的演讲还没结束，资本市场就已沸腾，当天下午英伟达股价交易价飙升至 121.29 美元，较去年同期上涨超过 230%。

2017 年 7 月，英伟达的又一个大客户开始发售新品，特斯拉 Model 3 开始交付，Drive PX 2 被装备在了所有新生产的 Model 3、Model X 和 Model S 上。这时，黄仁勋称，Drive PX 2 的算力等同于 150 台苹果 MacBook Pro，可以独自满足 Tesla Vision 达到 L4，也就是 4 级自动驾驶所需要的所有计算任务的运算需求。L1 到 L5 指的是自动驾驶的自动程度，黄仁勋的意思是说，两台 Drive PX 2 就能满足 L5 无人驾驶，而到 L5 之前，一台 Drive PX 2 就能搞定。

但马斯克也为自己留了后手。在装载 Drive PX 2 的特斯拉车辆交付之后,有一些非常硬核的美国特斯拉车主拆开特斯拉车,发现"自动驾驶心脏"被安装在了副驾驶前面的手套箱的面板后面。这意味着特斯拉替换自研 GPU 不用动车身的任何设计。对于如何把芯片嵌入在现有的特斯拉汽车的问题上,马斯克表示:"计算机的更换很容易,要做的就这么多了。将计算机取出来,然后插入一个新的。所有的连接器都是适配的。"

此时,一直想灭了英伟达的竞争对手英特尔,也大举进击 AI 领域。英特尔宣布公司已通过旗下"英特尔资本"向 AI 初创企业注入了超过 10 亿美元的资金,这些被投的企业包括主做 AI 数据众包平台的强力 AI（Mighty AI）、大数据医疗服务公司鲁米塔（Lumiata）、机器视觉公司艾希尔（AEye）等。同时,英特尔还通过一系列收购动作,试图占据自动驾驶赛道的制高点。

反观英伟达,从 2005 年开始累计投资参股了 15 家公司。早期英伟达所投资的公司,基本都在图像处理相关领域,其中还包括一家游戏主机厂商。2015 年以后,英伟达的投资方向明显发生了变化,涉及自动驾驶、数据处理、图像识别、语音交互等与 AI 强相关的领域。其中,应用 GPU 进行大规模数据处理的公司,以及应用 GPU 研发自动驾驶技术的公司,成为黄仁勋最看重的两个投资方向。

2017 年 9 月,黄仁勋就投资了一家中国的新锐自动驾驶企业。这家公司叫景驰科技,本次完成了 Pre-A 轮 5200 万美元融资,由启明创投领投,英伟达参投。景驰科技由百度无人车原负责人王劲创立,当时已经成立两年,公司的目标是成为中国首个全面实现第四级别无人驾驶商业化的公司。景驰科技致力于通过深度学习来实现无人为干预的自动驾驶车辆。这些车辆将搭载LiDAR、相机和雷达传感器，通过AI技术来感知驾驶环境，并寻找最快、最安全的路径到达目的地。

2017年，在英伟达的营收构成中，另外一个重头板块是数据中心。谷歌、Facebook有很多数据中心都在使用英伟达的GPU进行深度学习。亚马逊网络服务与微软的Azure（一种基于云计算的操作系统，原名"Windows Azure"，即"软件和服务"）这类云计算供应商，也用了英伟达的GPU。比如，2017年9月，谷歌云就用上了更快的英伟达GPU，它不仅灵活性更高，而且更便宜。

2017年10月，当英伟达的"GTC全球巡演"来到欧洲站后，黄仁勋在德国扔下了一枚重磅"炸弹"，那就是面向L5完全无人驾驶开发平台Drive PX Pegasus。这个平台将服务于数百家正在进行自动驾驶研究的汽车制造商和科技公司，是全球首款让自动出租车成为现实的AI计算机。Pegasus（飞马座）这个名字，取自希腊神话中的双翼白色飞马珀伽索斯，也是天上的飞马座。

这个代号为Pegasus的新系统，是基于此前的英伟达Drive PX人工智能计算平台开发出来的，计算能力超过每秒320万亿次，是上一代Drive PX 2的10倍之多。Pegasus的计算存储能力相当于把100个数据中心存储到一个车牌大小的空间里。根据国际汽车工程师学会的划分标准，L5指的是汽车在任何环境下都能完全自动驾驶，不需要人类介入。这样的汽车不需要方向盘、踏板和后视镜，车内可以做成客厅或者办公室的样子。这些车辆可以按需将乘客送往目的地，给包括老年人和残疾人在内的所有人提供出行服务。当时，在英伟达 Drive PX 平台的 225 家合作伙伴中，有超过 25 家正在使用 CUDA GPU 开发的全自动驾驶汽车。

在 2017 年，完全不需要人工干预的自动驾驶当然只存在于理论层面。英伟达的高管们透露，这些搭载 GPU 的 L5 自动驾驶汽车将首先应用于大学校园、机场等有限制的环境下。在过去的数年间，英伟达已经开始着力于自动驾驶的研发工作，并且与数十家汽车制造商和供应商建立了合作关系，包括百度、丰田、奥迪、特斯拉和沃尔沃。比如，英伟达在 2015 年推出了 Drive PX 自动驾驶汽车超级计算机平台，帮汽车处理来自摄像头和传感器的数据，感知周围环境和预测危险；2016 年，英伟达推出 Drive PX 2 和完整的系统芯片处理器 Xavier，来推动自动驾驶汽车的部署。

2017 年 10 月，英伟达宣布已与汽车零部件供应商采埃孚集团及德国邮政集团达成合作。从 2018 年起，双方将采用英伟达的 Drive PX 平台共同部署一支能够自动配送货物的测试车队。

从 2016 年到 2017 年，英伟达持续出击，英特尔和 AMD 自然不会视而不见。正所谓"敌人的敌人就是朋友"，2017 年 11 月，彼此厮杀多年的英特尔和 AMD 竟然宣布结盟，将 AMD 的半定制图形芯片集成到英特尔的某款 CPU 中，一时间轰动业界。可结盟的消息刚宣布没几天，英特尔就挖走了 AMD 的核心技术负责人之一——图形主管拉贾·科杜里。刚结盟就插盟友一刀，这反转让惊魂未定的吃瓜群众猝不及防，只能感叹芯片三巨头的世界波诡云谲。

2017 年，英伟达在医疗领域也迈出了新一步。11 月，通用电气旗下的子公司 GE 医疗（GE Healthcare，即通用医疗）宣布与英伟达合作，用英伟达 AI 平台的 Revolution Frontier CT（革命前沿计算机断层扫描）去升级全球范围内的 50 万台医疗影像设备。这种新 CT 把图像处理速度提升了两倍，将有助于提高诊断速度和准确率，为全球患者提供更好的医疗服务。此外，英伟达正与医疗领域研究人员合作，探究 AI 在医疗方面的可能性，未来几年会扩大 AI 在医疗方面的应用。

2017 年末，英伟达再次迭代电视盒子兼游戏主机 Shield，这次是带大众走进客厅 4K HDR 大屏游戏时代。

这款游戏机配备了一个游戏手柄、一个 TV 遥控，支持 4K HDR，内置 Targa X1 处理器，3GB 运行内存，16GB 存储空间，可以通过 USB 接口扩展外部存储空间。Shield 游戏手柄为玩家量身定制，时尚的立体设计，舒适的操纵手感，集科技性与实用性于一体。手柄自带震动效果，十字键、ABXY 键、功能键、摇杆、3.5mm 耳机插孔等功能一应俱全。最亮眼的是，手柄内置了最尖端的百度 DuerOS（度耳）智能语音系统，只需要按下手柄中间的英伟达标志，便可以唤醒语音功能，迅速满足"口头需求"。

Shield 的另一个身份是电视盒。游戏之余，还能用来看看影视佳剧。Shield 商店中还有许多游戏，比如，经典的任天堂游戏《超级马里奥》《塞尔达传说》，还有《仙剑奇侠传 5》这样的国产神作。Shield 的另一核心亮点是游戏串流（GameStream）技术。简单来说，就是将 PC 端上的游戏画面通过 Shield 串流到高清电视上，对于适配过手柄的游戏，体验感更佳。当时，支持 GameStream 功能的游戏有 400 多款，且还在不断增加。

在2017年底，英伟达的另一个重要合作伙伴IBM也放了一个大招，其最新一代的Power芯片Power 9正在进入市场，以应对越来越强劲的AI、机器学习领域高强度、高密度的信息处理需求。当时，英伟达已经把控了大量的AI和机器学习工作量，两家公司在GPU芯片上的合作十分紧密。

Power 9是唯一采用最先进的I/O子系统技术的处理器，包括下一代英伟达NVLink、PCIe Gen4和OpenCAPI，它支持的IO和带宽几乎是天文数字，是当时同类产品的10倍。在速度、效率、多任务处理、记忆力、适应性和安全性等多个方面都有着出色的表现。这款芯片将用在美国劳伦斯利弗莫尔国家实验室和美国橡树岭国家实验室正在开发的被称为Summit（顶点）的超级计算机中，它被视为与中国的神威·太湖之光争夺TOP500世界第一宝座的最大威胁。不过，在2017年世界超算大会SC17上，Summit并没有如大家预料的那样交付，所以2017年，中国超算神威·太湖之光和天河二号占据了TOP500榜单前两名。

自2016年AI浪潮崛起，2017年AI市场持续升温。很多大型科技公司投入数十亿美元并购新创公司或支持研发，各国政府也提供给大学和研究机构大笔研究经费，希望在这波AI竞赛中脱颖而出。当时，市面上第一批AI芯片几乎都是以现成的CPU、GPU、FPGA（Field-Programmable Gate Array，即现场可编程门阵列）和DSP（Digital Signal Processor，即数字信号处理器）组合而成，而英伟达、英特尔、谷歌、高通和IBM等公司正研发新的设计。在所有芯片中，视觉处理无疑最受关注，因为当时大火的 AI 研究与自动驾驶都与视觉处理有关。因此，英伟达在所有芯片厂商中无疑是站在风口之巅。

到 2017 年末时，英伟达已经有 10 余个季度业绩超出华尔街预期了。这一年，比特币经历了价格的大幅上涨，英伟达发布了面向加密货币市场的"挖矿"专用芯片。众多人用 GPU"挖矿"又给英伟达送来了一笔横财，N 卡可谓一卡难求。在 2016 年至 2017 年的短短时间内，英伟达股价最高涨幅达到之前的 10 倍。

与此同时，AMD 在苏姿丰的硬核领导下，也迎来了 2015 年到 2017 年两年 7 倍的高增长。AMD 2017 年推出了在性能上直接对标英特尔且价格更低廉的高性能处理器锐龙和霄龙（EPYC）系列，从英特尔嘴里抢回了部分 CPU 市场份额。

尽管 2017 年 GPU 产品整体进展缓慢，但是 7 纳米 GPU 的发布意味着 AMD 进入了 AI 计算的超前领域。同时，专注在 AI 和深度学习的 Radeon Vega GPU 为 AMD 产品提供了多样性，第一款 Radeon Instinct（直觉）加速器也已经准备开卖。AMD 自称这款加速器是"世界上最快的训练加速器"，针对大规模并行应用进行优化，能满足大型数据集机器智能和 HPC 级系统工作负载需求。从数据上看，计算和图像部门的营收也是 AMD 过去几个季度持续高增长和改善毛利率的重头。

3. 重塑行业，搞定实时光线追踪

黄仁勋在自动驾驶领域的布局采用了广撒网式的方法，不仅与产业链上下游的合作伙伴建立了合作关系，在技术落地方面也下了很大功夫。这种方法使英伟达在自动驾驶领域具有更广泛的影响力和更多的机会。

当时，虽然做自动驾驶的公司很多，但做自动驾驶底层芯片的公司却寥寥无几。原因很简单，芯片耗时耗力又烧钱，还不一定能做好。这种受累又可能不讨好的活儿，黄仁勋接下了。

在 2018 年 1 月的 CES 大会上，数以万计开发者翘首以盼的系统级芯片 Drive Xavier 终于问世，它将借 AI 从各个方面提升驾驶体验，并为英伟达在自动驾驶领域 320 家合作伙伴和机构提供未来技术路线图。这些伙伴包括消费级汽车、货车、交通服务、供应商、地图、传感器、创业公司、学术机构等。可以说，英伟达只身撑起了自动驾驶芯片的产业圈。

Drive Xavier 到底有多强大呢？黄仁勋介绍，这个号称全球最强系统级芯片的 Drive Xavier 拥有超过 90 亿个晶体管，是迄今为止最复杂的系统级芯片，凝聚着 2000 多名工程师 4 年的努力，研发投入高达 20 亿美元。它每秒可运行 30 万亿次计算，功耗却仅为 30 瓦，效比相比上一代架构能高出 15 倍。

早在 2017 年，英伟达就发布了 Drive AI 平台，在此基础上，英伟达又在本次大会上推出了两款全新软件平台——Drive IX 和 Drive AR。Drive IX 是一款智能体验软件开发套件，能够借助车身内外的传感器，为驾驶员和乘客提供 AI 辅助功能。Drive AR 是一款增强现实软件开发套件，它将实现汽车的下一代增强现实界面，可在驾驶途中提供信息兴趣点，创建警报提醒，并安全轻松地进行导航。

以 Drive Xavier 芯片作为核心的自动驾驶解决方案，是英伟达在 2018 年全面进军自动驾驶领域的重磅产品。当时，中国作为全球最大的汽车销售市场，也受到了黄仁勋的特别关照，所有的系统在设计时都考虑到了中国本地化客户的需求。当时，百度的每辆自动驾驶车辆都搭载了 Drive Xavier。

黄仁勋的目标是建立生态，而只有芯片显然是不够的，黄仁勋还要围绕芯片构建平台。在大会上，黄仁勋宣布英伟达将与 AI 公司极光（Aurora）合作打造基于 Drive Xavier 处理器的 L4 和 L5 级自动驾驶硬件平台，与优布（Uber）联合打造自动驾驶 Uber 汽车，以此推动自动驾驶汽车走向市场。

从这次发布会可以明显看出，自动驾驶已经成为黄仁勋接下来的主要发力领域，并且他对整个交通出行领域、智慧城市物流等都有着浓厚兴趣。2018年2月，英伟达还与德国大陆集团达成合作，共同开发无人驾驶汽车系统。在黄仁勋看来，未来的汽车将由软件定义。怎样将技术从概念转变成真正能改变生活的工具，是英伟达接下来最专注的事情。

自转型AI后，英伟达在提升计算力的路上也越走越远。2018年3月，黄仁勋在GPU技术大会上推出了DGX-2，并称之为"全球最大的GPU"。这是首款能够实现每秒2000万亿次浮点运算的单一服务器。简单来说，DGX-2就像一个超级大脑，它由许多神经元组成，这些神经元就是V100 GPU，而NVSwitch作为一种高性能交换机，就像是连接这些神经元的高速公路，专门用于连接GPU集群，以实现高速、低延迟的数据传输。通过这种方式，DGX-2能够以极高的速度处理和分析大量数据，从而为科学、工程、医学等领域带来巨大的创新和突破。

这里我们再回顾一下英伟达的DGX系列，它主要用于深度学习和高性能计算任务，目前已经推出了多种型号。比如，2016年发布的基于Pascal架构的DGX-1，2017年发布的基于Volta架构的DGX-1V。至于DGX-2，采用了最新的NVSwitch架构，支持16块全新的Tesla V100 GPU共享统一的内存空间。

黄仁勋用"美丽、性感"等词语来形容这一款最新的DGX系列产品。在价格方面，黄仁勋最初给出的是150万美元，但最后将价格减至39.9万美元。但对于嗷嗷待哺、亟须超强算力的前沿数据中心和人工智能研究人员来说，这个定价有很强的竞争力。此外，英伟达还为艺术及设计领域推出了一款搭载了RTX（实时光线追踪）技术的Quadro GV100 GPU。这款单块GPU拥有32GB内存，可以通过NVLink技术将两块GV100 GPU并联，从而将内存提升至64GB。

但黄仁勋也明白，GPU发展到这个阶段只能不断叠加性能，它带来的惊喜会越来越少。拿DGX系列来说，内含的GPU芯片从4块变成了8块，今年从8块增长到了16块，改变的只不过是互联的架构。单块芯片的算力提升越来越难，这让黄仁勋不得不考虑另辟蹊径，让英伟达"横向发展"。

在此次大会上，还有一个关于自动驾驶的小插曲。发布会前一周，美国亚利桑那州一名女子被Uber自动驾驶汽车撞伤后不幸身亡。作为全球首例自动驾驶车辆致人死亡的事故，给当时疾驰的自动驾驶研究按下了急刹。而英伟达作为Uber在自动驾驶领域的合作方之一，也只能宣布暂时搁置自动驾驶研发。受此影响，英伟达股价大跌7.8%，市值蒸发超110亿美元。

会上，英伟达还宣布与ARM达成合作，共同为全球数十亿台IoT（Internet of Things，即物联网）设备提供深度学习的能力。双方将开源的英伟达深度学习加速器整合到ARM的Project Trillium机器学习平台上，这样一来，全球数十亿台的智能家居设备、智能手表等就都有了更强的机器学习能力，让这些物联网设备有了更强大的"大脑"。

除物联网以外，英伟达在超级计算机领域的经验无疑更丰富。依靠在GPU技术领域的领先地位，英伟达还为超级计算机提供了全面的解决方案和服务。

2018年6月，美国能源部和IBM、英伟达一起制造了新一代超级计算机Summit。这台电脑速度非常快，每秒能做20亿亿次浮点运算，是世界上性能最强的电脑。从2012年开始，美国再次赢得了超级计算机的冠军。Summit由4608台计算服务器组成，里面有22个IBM Power 9芯片和6个Tesla V100 GPU。内存超级大，超过10PB，占地面积有两个网球场那么大。未来，Summit将被用于AI、能源和其他科学研究方面的工作，帮助科学家们解决气候变化、材料科学等方面难题。

2018年，老对手AMD也在CPU和GPU两条业务线上暗暗较劲。7月，AMD发布了高端桌面Threadripper（线程撕裂者）系列CPU，试图改变自己和低端产品画等号的名声，直接挑战英特尔垄断的高端CPU处理器市场。在GPU业务线上，AMD发布了7纳米工艺的Radeon Instinct系列，开始为客户提供基于Vega架构的样片。这个系列在计算性能和显存带宽方面都有显著提升，其支持新的指令集，更适合执行机器学习应用。

与英伟达的产品相比，Radeon Instinct系列在某些方面具有优势。例如，FP16浮点性能提升20%，INT8、INT4整数性能分别提升140%、380%，它还具有更好的多路扩展等性能。两家GPU巨头轮番推出新品，为不同需求和预算的用户提供了不同选择。

2018年7月，英伟达宣布与全球最大的汽车供应商博世和世界上最大豪华汽车制造商戴姆勒合作，共同推动自动驾驶汽车技术向前发展。博世作为汽车行业的零配件巨头，对于很多整车厂的意义不言而喻。双方合作后，博世将把英伟达的 Drive PX 2 自动驾驶平台整合为产品，然后卖给整车厂。与博世合作后，英伟达在无人驾驶方面的链条就形成了"芯片—软件—平台"一条龙。2018 年下半年，英伟达还与中国的造车新势力小鹏汽车及汽车电子整体解决方案商德赛西威达成合作，共同研发适配中国交通环境和驾驶场景的 L3 级自动驾驶技术。

在接下来的一个月，黄仁勋继 2006 年发明 CUDA 以来，再次发布了一款震惊行业内外的新架构，重塑了计算机图形技术。

在计算机图形技术领域，有一个人所共知的终极目标，那就是实现实时光线追踪，因为它能让我们在虚拟世界中获得颠覆性的逼真视觉体验。举例来说，如今我们在游戏中经常能看到光线照在物体上、阴影落在地面上的逼真场景，但在实时光线追踪技术出现之前，是没法实现这种身临其境的特效的。其原理是模拟光线的物理行为，计算出光线在不同表面上的反射、折射和散射等效果，从而生成高度逼真的图像。而在 2018 年，这个难题被英伟达成功攻破，比业界预估的时间早了 5 年。

2018 年 8 月，在加拿大 SIGGRAPH（Special Interest Group for Computer Graphics and Interactive Techniques，即计算机图形和交互技术特别兴趣小组）大会上，黄仁勋揭晓了新一代的芯片构架 Turing（图灵）。没错，它的名字正是取自大名鼎鼎的计算机科学之父和人工智能之父艾伦·图灵。

Turing 架构已是英伟达的第八代 GPU 架构，它采用了可加速光线追踪的全新的光纤追踪核心，以及面向 AI 推理的张量核心，首次使实时光线追踪成为可能，这将满足价值 2500 亿美元的视效行业需求。Turing 的混合渲染功能对物理世界的模拟速度达到早前 Pascal 的 6 倍。Turing 架构还专门针对深度学习推理进行了优化，可以在训练和推断深度学习模型时提供更快的速度。

在舞台上，黄仁勋展示了 Turing 架构，并宣称这是英伟达在过去 10 多年里在计算机图形和 AI 领域最重要的创新之一。"混合渲染将为行业带来变革，开启令人惊叹的可能性，通过更美观的设计、更丰富的娱乐，以及更多的互动体验来改善我们的生活。实时光线追踪的到来也是我们全行业的梦想成真。"

为助力开发者充分利用这些功能，英伟达还通过全新 AI、光线追踪和模拟 SDK，强化了其 RTX 开发平台，并宣布成千上万名设计师、艺术家和科学家所采用的主要图形应用均计划通过 RTX 开发平台，充分发挥 Turing 架构的特性。这样一来，设计师和艺术家就能够在照片般逼真的细节中与其复杂的设计和视效进行实时互动；电影制片厂和制作公司的渲染作业量能够实现更高的吞吐量，从而节省大量时间和成本；开发者可利用 CUDA 10、FleX 和 PhysX SDK 来创建复杂的模拟，例如，用于科学可视化的粒子或流体动力学、虚拟环境和特殊效果。为了满足创意专业人士对硬件加速的光线追踪、人工智能、高级着色及仿真的需要，英伟达还推出了一款面向数据中心的高度可配置的、按需渲染及虚拟工作站解决方案的参考架构 Quadro RTX Server。

在现场，黄仁勋还展示了保时捷 911 Speedster 概念车，这是首款采用交互式实时光线追踪进行可视化展示的车辆。通过现场画面可以看到，英伟达 RTX 技术实现了全球实时图像计算质量的飞跃。保时捷一直以来以使用最先进的设计技术闻名，而实时光线追踪技术将彻底改变设计和销售汽车的方式。

在大会上，英伟达可谓风光无限。在会后的9月末，英伟达股价在2016年突破历史新高后，两年时间大涨了7倍。然而，自2018年10月起，英伟达股价反转，暴跌了58%。对此，黄仁勋分析出了三个原因：一是加密货币热度衰退，导致中端显卡Pascal系列渠道库存过剩；二是在显卡方面，中国游戏市场自2018年3月后，游戏版号审批大幅放缓；三是贸易战突发也让英伟达的中国销售产生了压力。

当然，在这众多原因背后，也酝酿着无数蝴蝶效应。长期以来，芯片行业由于技术更新换代速度快、市场需求变化多端、行业周期性波动大等因素，竞争比其他行业激烈得多。再加上全球芯片产业高度依赖国际贸易和供应链，更容易受到市场波动和政治因素的影响。黄仁勋也伴随着英伟达每年每月大潮的起伏涨落，练就了一颗强大的心脏。

一直以来，英伟达都凭借着高性能计算和人工智能技术的优势，帮助医疗机构提高诊断和治疗效率，破解了一个又一个难题。在医疗领域，影像数据是非常重要的资源，但是处理和分析这些数据却极其复杂和耗时。当时，加速计算和AI正在强效助力下一代医疗设备和生物医学研究。英伟达也适时而出，在2018年11月发布了Clara（克拉拉）平台。

Clara平台采用了GPU加速技术，能够高效地处理大规模的医疗影像数据。它还提供了可扩展的存储和计算资源，降低了数据处理成本。此外，英伟达还为Clara平台提供了全面的安全保障措施，确保医疗影像数据的安全性和保密性。Clara平台为医疗领域提供了一种高效、低成本、安全的解决方案，提升了数百万种传统医疗仪器的功能，并为采用 AI 的医疗设备开创了未来。这个平台的问世也进一步巩固了英伟达在医疗影像领域的领先地位。

2018 年，不仅是医疗，AI 技术已初步渗透到金融、教育、交通等各个领域。然而，很多客户缺乏资金自研 AI 技术，也不知道怎样部署和管理 AI 模型，他们对 AI 技术提高效率、降低成本、改善生产质量等作用也不太了解。黄仁勋看到市场上的这些问题，决定推出一款能够帮助更多客户用上 AI 的工具。

2018 年 12 月，黄仁勋推出了全新的自主 AI 机器大脑——Jetson AGX Xavier。它拥有强大的计算能力和高效能耗比，同时配备了易于使用的开发工具，使开发人员可以更轻松地开发和部署基于 AI 的应用程序，适用于制造、配送、零售、智慧城市等众多领域。Jetson AGX Xavier 的功耗仅为 10 瓦，每秒可执行 32 万亿次计算机操作，由支持 Tensor Core 的 512 核 Volta GPU 和八核 ARM v8.2 64 位 CPU 支持，并配备了两个英伟达深度学习芯片和专用的图像、视频和视觉处理器。

当时，这台 AI 机器大脑已经帮助英国医学技术创业公司牛津纳米孔（Oxford Nanopore）实时处理 DNA 测序，帮助汽车零部件制造商将 AI 引入汽车零部件制造工厂的关键平台，提高生产力和效率。可以说，开发人员能用 Jetson AGX Xavier 构建自动机器来解决棘手的问题，改变各种行业，有无限的发展空间。

2018 年 12 月，为进一步提升 AI 计算能力，英伟达还和 IBM 宣布了一项合作，以构建基于 Power 9 芯片的超级计算机 DGX-1 POD。

这台超级计算机配有便携式 AI 数据中心，可以在需要大量计算能力的 AI 应用上实现高效的计算性能。它采用了 IBM 的高性能 Power 9 计算芯片，能提供强大的计算能力和高带宽的数据传输速度。DGX-1 POD 的推出是为了满足对 AI 计算需求的不断增长，它能够提供比传统 CPU 更高的计算性能，并支持各种深度学习框架和工具，如 TensorFlow、PyTorch 等。这台超级计算机还具有高内存带宽和低延迟的网络连接，以支持大规模并行计算和数据传输。

全球各行各业和研究团队都在开展 AI、机器学习以及深度学习项目。为了提高 AI 的开发效率、简化 AI 数据的传输路径，IBM 正在推出使用英伟达 DGX 的 IBM SpectrumAI（光谱 AI）。这一融合解决方案将业界广受赞誉的软件定义为存储扩展文件系统，即基于闪存的 IBM Spectrum Scale 与领先的 GPU 系统，即英伟达 DGX-1 相结合。它能在任何已验证的聚合系统中提供更出色的性能，并能支持不断增长的数据科学应用。AI 逐渐进入企业和机构，为 IBM SpectrumAI 与英伟达深度学习的结合带来各种可能性。

2018 年，AI 界潜力股 OpenAI 也在悄然进化。它通过 2017 年谷歌推出的全新神经网络训练架构 Transformer（变压器），建造了第一个"生成式预训练转换器"，这就是 GPT 的由来！而 GPT 模型正是在英伟达的超级计算机上接受了训练，通过吸收大量文本，才学会了如何建立与人类相似的联系。可以说，没有英伟达的算力支持，就不会有 GPT 的诞生。GPT 对英伟达算力的依赖持续至今。

最后，我们来总结一下 2018 年英伟达的经营情况。在过去的两年半里，英伟达在高端 GPU、高性能计算和数据中心等业务方面一直遥遥领先。有机构测算，在当时全球服务器的 GPU 市场中，英伟达占据了 96% 的份额，而 AMD 占据了剩下的 4%。2018 年，英伟达的主要业务为游戏和数据中心两块，虽然数据中心业务的体量只有游戏业务的 1/3，但该业务处于深度学习和云计算的热门领域，发展潜力巨大。

而芯片巨头英特尔在数据中心业务方面没有像英伟达那样取得很好的成绩。为了迎头赶上，英特尔在过去 5 年里积极投资 AI 领域，通过收购芯片巨头阿尔特拉（Altera）、深度学习涅槃（Nervana）、无人驾驶行业领导者无比视（Mobileye）等公司，布局了 AI 时代的重要细分领域。但是，英特尔已经远远落后于英伟达，并且很难赶上。

因为英伟达真正的护城河来源于软硬件生态，CUDA 正是这条护城河的第一道河堤。很多人都不知道的是，英伟达的软件工程师数量比硬件工程师还要多。算力的释放需要复杂的软硬件配合，而世界上主流的深度学习框架都是基于 CUDA 进行加速的，整个产业中下游软件、驱动厂家等都基于此进行适配。英伟达花了 10 年时间，投入 3000 多人力才打造了 CUDA 框架，让工程师可以便捷调用 GPU 算力所需的代码。

但黄仁勋曾自述，自己不喜欢"护城河"这个词，他希望做生态，让整个产业链共赢。

第六章

黄仁勋和他掌控的算力王者

以研发为底,生态为径,AI 为翼,英伟达已拥有全球最广泛的 AI 生态朋友圈,正在与各大云服务商、数据中心运营商、AI 框架开发者、AI 应用开发者等合作,推动 AI、数字生物学、气候科学、游戏、创意设计、自动驾驶汽车和机器人等最前沿领域的近千家合作伙伴进步,赋能千行百业。

1. 大厂哄抢，丢特斯拉超英特尔

2019 年，随着云计算技术的发展，云游戏逐渐成为备受关注的新兴领域。简单来说，云游戏就是通过网络玩别人的电脑游戏，不用自己买很贵的电脑或者游戏机，让玩家更方便、更省钱地玩游戏。为此，黄仁勋也一直在积极探索云游戏领域，开发了一系列可以为云游戏提供出色性能和图像质量的图形处理技术。

2019 年 3 月，英伟达与软银集团、LG Uplus Corp（LG 集团子公司）合作，在日本和韩国部署云游戏服务器。而软银集团和 LG Uplus Corp 作为亚洲地区的重要电信运营商，拥有广泛的网络覆盖和用户基础，可以为云游戏的部署提供有力支持。双方达成共识，英伟达负责提供技术，软银和LG提供网络支持，共同推广云游戏服务，为玩家提供更灵活、更便捷的高质量游戏体验。此外，双方还将共同在游戏开发、市场营销和用户支持等方面进行广泛合作。

2019年春天，是黄仁勋和马斯克正式"分手"的季节。2019年3月，特斯拉自研的FSD（Full Self-Driving，即完全自动驾驶）芯片经过2017年的试产、2018年的全面生产后，于2019年3月在Model S、Model X、Model 3上批量交付。回过头来看，英伟达和特斯拉的"蜜月期"只维持了短短几年。而英伟达的股价，搭乘着特斯拉和自动驾驶风口得到的涨幅，也在2018年底特斯拉宣布自研芯片之后被腰斩。

而马斯克也不太厚道，在推销自家芯片是"全世界最棒芯片"的同时，还不忘踩一下英伟达，说FSD比英伟达的车载芯片要好7倍。气得黄仁勋硬气发声明反击，说马斯克拿特斯拉和英伟达的自动驾驶芯片比较不准确。马斯克举例的特斯拉芯片是"全自动驾驶自研芯片"，运算能力是每秒144万亿次，要公平地比，应该比较的是英伟达的全自动驾驶电脑芯片Drive AGX Pegasus，算力是每秒320万亿次。

在商业世界，从公关角度可以理解两个人捍卫自家公司的行为。但特斯拉和英伟达结束合作之后，黄仁勋和马斯克之前要好的私交也成了过去式，还是令人唏嘘。曾经，黄仁勋在马斯克开创OpenAI的早期亲自把GPU送过去，马斯克也数次到英伟达GTC大会给黄仁勋站台。据说，每次站台他们都完全不排练，黄仁勋只是开玩笑地警告马斯克说："不要毁了我的大会。"结果，继苹果自研芯片后，特斯拉再次自力更生，众多大厂自研芯片至今也是悬在英伟达头上的"达摩克利斯之剑"。

但是，丢失了特斯拉这个大客户后，另一扇门却为英伟达打开了，这就是加密货币。在2019年初，区块链风口来了。这个风口有两个牛市，首先是从2016年到2017年，其次就是2019年开始的第二个牛市。比特币价格从2019年的3000多美元，持续疯涨到2021年底的6万多美元。在这两个牛市中，英伟达都赚得盆满钵满。

2019年，除了云计算技术风起云涌，物联网传感器也有了较快发展，由此引发了计算行业的巨变。有用来观察世界的摄像头，也有用来聆听世界的麦克风，还有一些设备可以让机器探测到现实世界正在发生什么。这些都意味着需要分析的原始数据量正在呈指数级增长。怎样快速处理这些海量数据？黄仁勋意识到，比数据中心更强的"新型武器"，是边缘计算。

简单来说，边缘计算就是在离数据源更近的设备或服务器上进行计算，比如，在智能设备、传感器、网络节点上计算。相比传统的数据中心计算模式，边缘计算减少了数据传输的距离和时间，所以就提高了计算效率。

2019年5月，黄仁勋在中国台北国际电脑展上推出了首款面向边缘设备的AI平台EGX（Exascale Computing eXchange，即百亿亿次计算交流平台），它能帮企业让AI在任何数据产生的地方执行，比如制造设施、零售店或者仓库，而不需要依赖高性能计算机或服务器。这就好比智能手机的计算能力已经足够强大，可以直接在手机上进行复杂的计算和数据处理，而不需要上传到云端处理。EGX还具有高性能、可拓展等优势。黄仁勋的这次押注不仅是针对边缘计算，更是认定了未来物联网将有无限的发展空间。

作为这次大会的一部分，黄仁勋还宣布了全新的"笔记本电脑品牌认证推广计划"，即 RTX Studio。这个平台可以大幅提高全球 4000 多万名创意工作者的工作效率，实现更加出色的创意成果。

当时，随着游戏和应用程序复杂性的不断提高，传统的 CPU 计算已经无法满足用户对图形处理的需求，黄仁勋决定以专业的驱动程序和软件来提高效率。Studio 平台使创作者和开发者能够更便捷地进行数字内容创作，并高效满足不同精度需求。这一平台还集成了多种独家工具，能够从直播场景和美术创意等角度切入，不仅高效满足了专业内容生产者的需求，也以简便的操作和多场景适配降低了创作门槛，让更多人参与到如虚拟人等 3D 虚拟交互内容的创作中。黄仁勋还以此平台与各行业领先的公司和研究机构建立起合作，不断推动数字内容创作领域的技术进步。

Studio 平台首款支持的芯片是 Quadro RTX 5000，专为那些从事大量图形或视频工作的专业人士而设计。华硕、戴尔、惠普、微星、雷蛇、技嘉和宏碁 7 家公司的 17 款笔记本电脑，将为这些专业人士随时随地提供"桌面级性能"。

2019 年，英伟达的自动驾驶芯片业务在卡车领域又往前迈了一大步。就像黄仁勋所说，卡车运输是全球最大的网络，AI 和机器人技术的突破带来了自动化新水平，将帮助解决交通运输方面的问题，重塑卡车运输业的未来。2019 年 6 月，英伟达和沃尔沃集团宣布联手开发一种用于自动驾驶卡车的人工智能系统。它们将把英伟达的最新人工智能技术和处理器放到沃尔沃的卡车里，开发出更安全、更高效的自动驾驶卡车，提高物流效率和降低运输成本。

2019年，AI已经初步被用在汽车、无人机、遥控器等设备上，但许多设备都受限于小尺寸和低功耗，没办法添加AI功能。为此，黄仁勋拓展了自主机器Jetson平台系列，开发出外观小巧、功能强大的新产品。

2019年7月，黄仁勋发布了Jetson Nano和Jetson Xavier NX。其中，Jetson Xavier NX成为当时全球最小的AI超级计算机，它的功耗仅为10瓦，尺寸小于一张信用卡，性能却比前身Jetson TX2高出10倍以上。Jetson Xavier NX的应用场景主要是小型商用机器人、无人机、高分辨率传感器、光学检测、网络录像机、便携式医疗设备以及其他工业物联网系统。

当时，Jetson系列在全球已拥有40万名开发者，超过3000位客户。作为Jetson家族的最新成员，Jetson Xavier NX虽然外形小巧，但能提供超高性能，可同时运行多个神经网络，并处理来自多个高分辨率传感器的数据。

2019年，除了深耕边缘计算和GPU，黄仁勋在自动驾驶领域也是憋了个大招。12月，在中国苏州举行的GPU大会上，黄仁勋发布了新一代高度先进的自动驾驶和机器人软件定义平台Drive AGX Orin，它凝聚着英伟达团队为期4年的努力。

Orin芯片是英伟达新一代的系统级芯片，里面包含170亿个晶体管。这款芯片不仅集成了英伟达新一代的GPU架构，还整合了ARM的高性能Hercules CPU内核，具备全新的深度学习和计算机视觉加速器。它的计算速度非常快，每秒能运行200万亿次计算，差不多是上一代Xavier

系统级芯片性能的7倍。

这款芯片非常适合用于自动驾驶汽车和机器人中,因为它可以同时处理大量的应用和深度神经网络。而且,它还达到了非常高的安全标准。由于Orin和Xavier都使用了开放的CUDA、TensorRT API及各类数据库进行编程,所以开发者们可以在一次性投资后使用后续多代的产品。从L2级到L5级完全自动驾驶汽车开发的兼容架构平台,都能使用这个芯片。总的来说,Orin芯片是AI领域的一个非常重要的创新,它将为自动驾驶汽车和其他机器人的发展带来巨大的推动力。

就像黄仁勋在会上所说:"打造安全的自动驾驶汽车,也许是当今社会所面临的最大计算挑战。实现自动驾驶汽车所需的投入呈指数级增长,面对复杂的开发任务,像Orin这样的可扩展、可编程、可用软件定义的AI平台不可或缺。"

在此次大会上,英伟达还与高德地图达成了战略合作。高德的高精地图和英伟达的自动驾驶芯片、定位算法,将为汽车行业合作伙伴提供高精定位解决方案。

2019年还有一个小插曲,英伟达不仅跟特斯拉闹掰了,也跟以前的老客户苹果正式决裂了。苹果自研芯片后,就与英伟达的关系渐行渐远了,2015年,苹果还挖走了英伟达深度学习软件主管乔纳森·科恩。在种种摩擦之下,2019年英伟达发布CUDA策略更新时,明确点名苹果,表示未来的CUDA软件产品将不再继续支持苹果的MacOS操作系统。这很符合黄仁勋的性格。

总的来说,2019年是云游戏、物联网、AI等技术逐步走向应用的一年，在这个过程中，"皮衣刀客"黄仁勋也以多样化的定制化芯片，为新技术走向各行业提供了算力动能。这一年，英伟达获得了第五届金浪奖"2018年度最佳电竞营销"称号，入选了2019年《麻省理工科技评论》50家聪明公司榜单，位列2019年《财富》未来50强榜单第26名。

时间来到2020年，全球数十亿用户每天使用计算机产生的数据量越来越多，正走向指数级爆炸。这些数据只有经过数据中心的计算，才能应用于AI和数据科学，服务于社会。当时，摩尔定律已经失灵，CPU性能提升逐渐放缓，是指望不上的。基于在数据计算领域的深厚积累，黄仁勋意识到，未来的数据中心将是一个巨大的计算引擎，由数万个计算节点组成，通过互联实现最佳性能。

作为高性能互联技术的早期创新者，迈络思（Mellanox）率先推出了InfiniBand（无限带宽）互联技术，该技术与其高速以太网产品已应用于全球过半的高速超级计算机，以及许多领先的超大规模数据中心。这种思路与黄仁勋的想法不谋而合。

2020年4月，黄仁勋豪掷70亿美元，完成对高性能互联技术领域领头羊迈络思的收购交易，这也是英伟达自成立以来规模最大的一笔收购交易。迈络思为什么身价这么高？迈络思的看家本领是让数据中心享受高带宽、低时延的通信效果，其产品广泛应用于数据中心、云计算、高性能计算等领域。这家公司在以色列的地位就相当于中国的华为和阿里。

黄仁勋花巨资收购这家公司，还有一个重要原因，那就是抗衡英特尔。当时，英伟达和英特尔在AI和数据中心等领域的市场份额上展开了激烈的争夺，收购迈络思能够帮英伟达大幅提升自身实力，巩固市场地位。英伟达收购迈络思后，相当于获得进军数据中心业务、将AI等趋势落地的入口，并协同实现了快计算、快传输。此次收购可谓两家全球领先高性能计算公司的结合。英伟达的计算平台和迈络思的互联产品为全球250多台TOP500超级计算机提供了强有力的支持，服务于各家主流云服务提供商和计算机制造商。

除了收购业内领头羊，黄仁勋在自身的GPU产品上也毫不松懈。在他看来，自2017年Volta架构的Tesla V100推出后，人们对于AI模型训练算力的需求增长了3000倍。为了追上今天AI算力需求的爆炸性增长，提高芯片能力，黄仁勋在2020年的GPU大会上重磅推出了一款新架构。

2020年3月，因为新冠肺炎疫情，2020年英伟达的GPU大会在最后时刻宣布转为线上，但这丝毫没有影响黄仁勋发布英伟达的重磅产品，反而被他搞成一场教科书级别的酷炫发布会。

大会正式开幕的前一天，黄仁勋放出了一段预热视频——在他美国加州的家中，一个朴实无华的厨房里，黄仁勋铆足了劲儿从烤炉里端出全球最大的GPU。黄仁勋展示的这款Ampere（安培）架构GPU系统以最新英伟达Tesla A100芯片组成，被认为是GPU算力最大的一步提升。A100是迄今为止人类制造出的最大7纳米制程芯片，足足重50磅，相当于一个六七岁孩子的体重。其算力是三年前推出的Volta架构芯片Tesla V100的20倍。

事实上，黄仁勋当年的整个演讲环节都是在这个烤炉前进行的。在视频中，黄仁勋谈笑风生，表示这是英伟达有史以来第一个"厨房主题演讲"。黄仁勋酷爱用科学家的名字命名自家的GPU架构。至此，英伟达的显卡名已经集齐了特斯拉、费米、开普勒、麦克斯韦、帕斯卡、伏打、图灵、安培这一众科学家，拉风极了。

对于云服务厂商来说，人们用算力来做的事总在不断变化，需要适应更多应用方向的芯片。三年前，黄仁勋设计 Volta 芯片时已经思考了这一问题。Ampere 架构除了性能提升 20 倍，还可以实现 1 到 50 倍的扩展。英伟达的体系不仅能向更多 GPU 扩展，还可以向外扩展以满足人们永无止境的算力需求。

AI 任务包括模型的训练和推理，在原有的 DGX-1 中，两种芯片是分工明确的：GPU 负责训练，CPU 负责推理。而有了 A100 芯片加持，第三代 DGX 可以把训练与推理全部交给 GPU 来完成，充分发挥先进架构的加速能力。黄仁勋在现场自信满满地说道："跟 DGX-1 相比，只需要 1/10 的硬件成本，1/20 电力消耗就能做同样的事。"当时，首批 OEM 厂商包括浪潮、联想、惠普，上线的云服务公司覆盖亚马逊、微软、谷歌、阿里巴巴、腾讯、百度，所有大厂几乎都抢先定下了这款新品。

为满足更大的云服务算力需求，黄仁勋还发布了 DGX A100 SuperPOD 和 HGX A100。英伟达的超级计算机"土星五号"通过加挂了 4 个 SuperPOD，成为当时世界上最强劲的超级计算机之一；而 HGX A100 将 AI 负载的处理速度提高了 20 倍，为 AI 和高性能计算创建了当前世界上最强大的加速扩展服务器平台。英伟达最新的 Ampere 架构不仅适用于数据中心，也适用于自动驾驶等端侧应用。黄仁勋还介绍了小鹏汽车 P7 和宝马集团采用了英伟达解决方案，提升了工厂物流管理水平。

要说 2020 年英伟达取得的最大成就，无疑是市值反超巨头英特尔。一直以来，英特尔都想像吞并其他芯片公司那样，把英伟达按在地上摩擦。但偏偏，好斗、足智多谋又有那么点儿幸运加身的黄仁勋不但没有败阵，反而打败了这个世纪巨头。

2020 年 7 月，英伟达成功取代英特尔成为美国市值最高的芯片公司，也成为世界第三大半导体公司，仅次于台积电和三星。英伟达市值暴增，原因有三：第一，疫情期间线上办公需求激增，使英伟达数据中心业务快速增长，季度营收首次突破 10 亿美元，达到 11.4 亿美元，同比增长 80%；第二，英伟达在自动驾驶市场拿下德国戴姆勒旗下的梅赛德斯奔驰这一大客户，收益颇丰；第三，产品上，英伟达在云端成王后继续下沉边缘和终端，业务上迎来突破性营收。这么一来，投资者看好英伟达，购买股票推高股价也是意料之中。

从英特尔这边看，其市值被英伟达反超的最大原因就是苹果换芯。以 Mac 产品为例，它一个季度就能卖出几百万台，对英特尔来说，丢掉苹果订单损失极其惨重。同时，苹果弃用英特尔，启用 ARM，也让投资者更加不看好英特尔。在自身产品上，英特尔不仅在加速计算上落后于英伟达，也落后多家竞争对手。当时，英特尔将 7 纳米量产时间表推迟至 2021 年下半年，而台积电、三星等早已开始 5 纳米、3 纳米制程的研发计划。针对市场竞争，就连英特尔本身也承认已经落后多家竞争对手，追赶至少需要两年时间。而且，巨头虽然实力强，但是对手也多，英特尔要和 AMD 打 CPU 的仗，也要和台积电打芯片制造的仗，还要和高通打移动芯片的仗。

一直以来，芯片界是英特尔、英伟达还有AMD"三国大战"。如今，AMD奋勇追击仍不及英伟达，巨头英特尔也开始掉队，真可谓苍天已死，"黄"天当立。

这边，英伟达继续高歌猛进。2020年11月，英伟达宣布与韩国现代汽车集团签署协议，后者从2022年开始在其所有的现代、起亚和捷恩斯车型中，使用英伟达Drive车内信息娱乐系统。英伟达的Drive系统是一个包含软硬件和软件堆栈的解决方案，它可以为现代汽车集团的车载信息娱乐系统提供各种服务，如音频、视频、导航及基于AI技术的网联汽车服务，从而提供更加智能化、便捷的车载体验。

此次扩大合作意味着英伟达将获得更多的订单，同时也将助力现代汽车集团将其全新网联汽车操作系统扩展至未来车型。这种合作关系不仅有助于双方的业务发展，也有助于推动汽车行业的科技创新。黄仁勋没有透露Drive部署车辆的详细数字，但表示这个数字很大。

总的来说，2020年AI已在语音、推荐系统、智能医疗、自动驾驶等任务上得到了应用实践，人们对于算力的需求也有疯狂的增长。这时，黄仁勋已不再把英伟达定义为芯片制造商，而是一家数据中心扩展公司。黄仁勋坚信，未来数据中心的背后不是数个CPU，而是并联计算的GPU阵列。

回望这几年英伟达的发展历程，依然是起落不定。2018年美国联邦储备系统加息，提升了银行利率，人们更愿意将资金存入银行而不是投入股票市场，因此，英伟达股价开始下跌。但在2018年到2019年，随着区块链技术和数字货币的逐渐成熟以及市场扩大，数字货币重新火了起来。

这波"挖矿"潮就像一场及时雨，给英伟达清了不少库存。因而，英伟达2019年收入下降，但2020年收入再度实现了增长，基本回到了2018年的高点。

2. 集齐三芯，建元宇宙生态基座

时间来到 2021 年，游戏笔记本电脑的市场在过去的 7 年里足足增长了 7 倍。与此同时，大众对笔记本高性能、低功耗、长续航的要求也越来越高。

2021 年开年，黄仁勋在 2021 年 CES 大会上发布了基于 Ampere 架构的 RTX 30 系列显卡，这些显卡主要针对游戏和高性能计算市场。随后，英伟达推出了基于 Ampere 架构的移动版显卡，如 RTX 3060 Laptop GPU、RTX 3070 Laptop GPU 和 RTX 3080 Laptop GPU，它们专为笔记本电脑设计，以提供高性能的移动游戏体验和计算能力。

当时，英伟达研发出的光线追踪技术已势不可当，迅速重新定义了游戏新标准。而搭载光线追踪技术的Ampere架构也在发布后的短短一年间，成为英伟达有史以来最畅销的产品。RTX 30系列正在让更多游戏玩家享受到更高性能的笔记本。

RTX 30系列移动显卡除了性能大幅提升外，能效也达到了上代的2倍。在发布会上，黄仁勋展示了搭载RTX 30系列显卡的笔记本电脑，这些电脑在性能和续航时间方面都有着出色的表现。英伟达这款芯片的电脑制造合作伙伴阵容也十分强大，包括宏碁、外星人、华硕、技嘉、惠普、联想、微星和雷蛇等厂商，它们联合推出了70多款RTX 30系列显卡笔记本，起售价从999美元至1999美元不等。

值得一提的是，由于那段时间比特币价格暴涨，很多显卡被"矿工"买走，导致市场RTX 30系列桌面显卡供不应求，价格也大幅上涨，甚至很多老版显卡都涨回了发售价格。这就导致很多准备装机的用户都望而却步，很多人会选择游戏本来替代台式主机，使RTX 30系列显卡笔记本的销量大幅提升。

与此同时，为了更好地满足数据中心和自动驾驶等领域的需求，提高英伟达的市场竞争力，2021年4月，英伟达推出了三款基于ARM架构打造的处理器，包括Grace CPU、BlueField-3 DPU，还有用于自动驾驶的汽车SoC芯片。这些处理器在不同领域各显神通。

Grace CPU专为大规模人工智能和高性能计算应用而设计，主要特点是高性能、低功耗和高扩展性，旨在满足数据中心日益增长的计算需求。BlueField-3 DPU是英伟达的第三代数据处理器，用于处理网络、存储和安全等任务，以提升数据中心的整体性能和效率。SoC芯片是新一代

AI 自动驾驶汽车处理器，能够以高性能、低功耗的计算能力满足自动驾驶汽车对高性能计算的需求。

值得一提的是，Grace 是英伟达发布的首款数据中心 CPU。它的诞生宣告着英伟达数据中心产品线正式集齐了"未来计算的三大支柱"——CPU、GPU、DPU，这些将一起构成现代数据中心的基本组成部分。

关于这次大会，还有一个小彩蛋。很多人在会后才知道，黄仁勋的主题演讲有一部分是由虚拟数字替身完成的，而当时几乎没有人发现这一假象！这场"真假黄仁勋"的炫技表演成功展现了英伟达在虚拟现实领域的技术实力。

2021 年 6 月，为了满足不同游戏玩家的需求，进一步迭代性能，黄仁勋推出了两款全新游戏 GPU：GeForce RTX 3080 Ti 和 GeForce RTX 3070 Ti。GeForce RTX 3080 Ti 适合追求最高性能和逼真度的玩家，而 GeForce RTX 3070 Ti 则更适合追求性价比和较为出色的游戏体验的玩家。这两款 GPU 的推出，也进一步巩固了英伟达在游戏 GPU 市场的领先地位。

2021 年 8 月，英伟达以大约 30 亿美元的价格完成了对高深智图（DeepMap）的收购。DeepMap 是一家专注于高精度地图和定位技术的初创公司，5 年前由谷歌、苹果和百度等公司的资深人士创立。黄仁勋收购这家公司，是希望进一步扩大在自动驾驶领域的产品和服务范围，为自家的自动驾驶客户提供更完整、更可靠的解决方案。

要知道，在自动驾驶领域，高精度地图和定位技术是非常关键的，因为它们可以帮助车辆在各种道路和天气条件下安全、准确地行驶。为了完善自动驾驶技术，地图不光需要及时更新，而且需要极高的精度和占用较小的存储空间。DeepMap 的技术将增强英伟达 Drive 上可用的地图和定位功能，确保自动驾驶汽车始终准确地知道自己在哪里，要去哪里。

黄仁勋收购 DeepMap，相当于收获了一家已经为自动驾驶汽车生产地图解决方案的公司，以及在地图技术方面拥有数十年集体经验的员工。DeepMap 的创始人和团队将继续留在公司，并继续开发其地图和定位技术。

2021 年是英伟达全面深耕自动驾驶的一年。此时，自动驾驶技术是未来交通出行的重要趋势之一，它的事故率远低于人类驾驶，将为人们带来更安全、更高效、更便捷的出行体验，黄仁勋当然不会错过自动驾驶这块大蛋糕。除了收购地图公司，黄仁勋还通过各种合作为英伟达掘金自动驾驶铺路。

2021 年 11 月，在英伟达 GPU 技术大会上，世界前沿的无人驾驶通用方案公司轻舟智航宣布将在其 Driven-by-QCraft 下一代硬件方案中率先使用英伟达 Drive Orin 方案，让 L4 级自动驾驶的计算平台迈向量产车规级。这也意味着轻舟智航成为首个使用英伟达 Drive Orin 方案的 L4 级自动驾驶通用方案公司。

这里我们简单来科普一下，自动驾驶分为六个等级，从 L0 到 L5。L0 级完全需要人驾驶，L1 级有辅助驾驶功能，L2 级能部分自动驾驶，L3 级在特定条件下能自动驾驶但需要人监控，L4 级在特定条件下能完全自动驾驶但人仍需保持警觉，L5 级是完全的自动驾驶。L4 级别意味着高度自动驾驶的新纪元，驾驶员只需要在一旁监督，有问题再出手接管。

当时，搭载轻舟智航 Driven-by-QCraft 硬件方案的自动驾驶车辆已在中国的北京、深圳、苏州，以及美国的旧金山（硅谷）等全球 10 座城市落地测试和运营，车队数量近百台，能够应对闹市、暴雨、隧道等多类场景。其中的自动驾驶小巴龙舟 ONE 已成功在苏州、深圳、武汉等 6 座城市落地常态化运营，成为中国国内布局城市最多的公开道路自动驾驶小巴。2021 年 10 月，轻舟智航还在无锡发布了全国首个公开道路 5G 自动驾驶网约巴士。

轻舟智航如此高效迅捷落地能力离不开自动驾驶技术平台的支撑，基于各项自研技术成果，其推出了"Driven-by-QCraft"自动驾驶解决方案。基于英伟达 Drive 平台，轻舟智航的下一代硬件方案将持续推动自动驾驶的大规模落地，赋能城市智慧交通场景。

除了大力支援自动驾驶解决方案，黄仁勋还在自动驾驶方方面面的细节上提供芯片智能。2021 年 12 月，英伟达与禾赛科技达成合作，在 Drive 平台使用禾赛的 Pandar 128 激光雷达作为其自动驾驶开发系统的真值传感器。

激光雷达是自动驾驶技术中非常重要的传感器之一，它相当于自动驾驶车辆的眼睛和触手。禾赛科技的 Pandar 128 激光雷达是一款高性能、高精度的传感器，它具有高分辨率、高精度、远距离探测等特点，可以为自动驾驶车辆提供可靠的环境感知和定位信息。而英伟达的 Drive 平台是业界领先的自动驾驶开发平台之一，可提供丰富的工具和资源，帮助开发者快速构建和开发自动驾驶系统。在两家公司的强强联手下，自动驾驶车辆变得更加智能了。

在 20 世纪 20 年代的第一年，还有一个科技新名词蹿红，带来科技圈久违的热潮，那就是"元宇宙"（Metaverse）。简单来说，元宇宙代表虚拟的数字世界，人们可以在其中自由地探索、互动和创造。这一概念的爆火从 2021 年 10 月 Facebook 更名为 Meta 开始，在此之前，元宇宙只是科幻小说《雪崩》中一个想象的场景。

Facebook 的改名事件让大众突然发现，想象中的世界距离我们的现实生活可能并不遥远，这也直接点燃了大众对元宇宙的热情。元宇宙代表着从 Web1.0 到 Web2.0 再到移动互联网的技术发展方向，而当时，VR、AR、区块链、5G 技术等技术的成熟为元宇宙场景搭建提供了有力支撑，让元宇宙不再是"镜中花，水中月"。可以说，元宇宙的出现直接点燃了整个互联网产业的热情。

那么英伟达在元宇宙生态中扮演着什么样的角色呢？要知道，元宇宙技术产业包括了许多不同的领域和技术，如 AI、虚拟现实、增强现实、物联网、区块链等。在这些领域中，英伟达的芯片服务提供了强大的算力和处理能力，为各种元宇宙应用提供了坚实的基础。比如，在大型建筑游戏《我的世界》中，绝大多数建筑都是由玩家自行建造的，一切都需要依靠 GPU 和新技术进行实时渲染。

其实，英伟达作为全球 GPU 巨头，最拿手的正是游戏等场景里的图形处理，而元宇宙的形态其实跟游戏差不多。元宇宙相当于黄仁勋蹲到的又一个风口，或者说，元宇宙正是黄仁勋一直以来的愿景。很早之前，黄仁勋就预测到，在计算机图形与生成式人工智能结合下，将能渲染出三维的、栩栩如生的世界，并在其中填充看似真实的人物。同时，AI 将能即时翻译和执行语音指令,打破语言方面障碍。

2021年11月,黄仁勋在GPU技术大会上重磅推出Omniverse(全能宇宙)。相较于游戏、社交等应用层,英伟达所提供的芯片和算力更偏向于元宇宙硬件的底层,Omniverse便是构造虚拟空间的技术平台底座。

Omniverse采用了英伟达的RTX技术,可以实时渲染高质量的图像和场景,让用户在虚拟空间中实现真实的互动和协作。它还支持多种3D建模和设计工具,以及多种模拟和仿真工具,以统一的接口让设计师、工程师、研究人员等不同领域的人员在一个平台上进行协作,实现无缝的虚拟设计和仿真。它还可以与VR头盔、手柄等各种硬件设备进行连接,让用户可以在虚拟空间中进行真实的操作和互动。Omniverse为元宇宙建设提供了强大的技术支持,是黄仁勋布局元宇宙落下的一颗重要棋子。

关于Omniverse,黄仁勋有着更超前和更深度的思考。在他看来,未来在元宇宙空间里的编程语言将是"人",当元宇宙的众多底层技术与光线跟踪技术结合时,用户在这个虚拟空间里的一言一行将叙述整个宇宙的存在。这无疑将重新定义我们与技术的互动方式。黄仁勋期望通过Omniverse来创造现实世界的"数字双胞胎",在里面安全地训练机器人和自动驾驶汽车,创造一个更安全、更高效的未来。此外,通过与虚拟现实技术相结合,Omniverse还可能让用户生活在定制的现实中,这将进一步模糊现实与虚拟的界限。

放眼全球,能做出Omniverse的公司,可以说是非英伟达莫属。很快,黄仁勋就凭借这个平台拿下了一个元宇宙大单。2021年12月,英伟达与百度宣布合作共建AI元宇宙。

百度是中国最大的互联网公司之一，在 AI、云计算等领域有着深厚的技术积累和资源优势。作为英伟达全球战略合作伙伴之一，百度除了没少买英伟达的芯片，也和英伟达在 AI、大数据处理、云计算、搜索与推荐等方面有紧密合作。比如，基于深度学习框架的开源平台百度飞桨，就和英伟达的软硬件进行了深度的集成和优化，为开发者提供了中国特色的深度学习框架。

在 2021 年 12 月举行的百度 Create2021（百度 AI 开发者大会）上，百度发布了首个国产元宇宙产品"希壤"，并邀请当时英伟达的全球副总裁暨亚太区总裁雷蒙德·特赫（Raymond Teh）做了"NVIDIA 携手百度，共创 AI 元宇宙"的主题演讲。英伟达与百度后续将共同研究和开发元宇宙技术，为人们提供更加智能化、逼真的虚拟世界体验，为未来的社交、娱乐和生活体验带来更多想象。

英伟达的 Omniverse 能对物理世界进行建模，帮助客户创建全数字化的 3D 世界，模拟工厂生产线、仓库、生物系统以及 5G 网络。2021 年底，已经有 500 多家合作伙伴基于该平台进行开发。

纵观 2021 年英伟达的营收，有一个关键节点让黄仁勋很是欣慰，那就是 2021 财年 Q2，英伟达数据中心的营收首次超过游戏业务。而数据中心向来是英伟达、英特尔、AMD 等半导体厂商的"兵家必争之地"，因为不管各种消费电子产品市场如何消长，后端数据中心市场的增长从来不会放缓。在疫情的几年间，美国的数字化迅速发展，为满足人们远程办公、在线娱乐的需求，各大云厂商也增加了数据中心支出。2021 年，英伟达数据中心业务收入占总收入的比例，从 2020 年同期的 35% 上升到了

76%，全年的数据中心营收更是同比增长了124%。

整体来看，2021年，英伟达全年收入创下269.1亿美元，较上一财年的166.8亿美元增长约61%，首次实现连续7个季度营收上涨。对英伟达来说的一个坏消息是，2021年底加密货币的牛市结束，各类资产价格大跌，"矿工"们不再需要大量英伟达显卡来"挖矿"，导致英伟达显卡的价格大幅下降。

这一年，英伟达入榜《时代》杂志全球100大最具影响力的企业，位列"2021年凯度BrandZ最具价值全球品牌排行榜"第12名，还入选了全球职场文化权威机构卓越职场（Great Place to Work）"2021年大中华区最佳职场"榜单，位列第二。

英伟达能够入选"最佳职场"，离不开黄仁勋特色又开明的公司管理。黄仁勋在不断突破AI计算领域可能的同时，也一直很注重员工的福利和学习晋升，在公司管理上奉行"任务至上"，刚刚毕业的大学生、员工、高管一样能够同步获取信息。用黄仁勋的话说就是："你赢得工作，是因为你通过推理解决问题和帮助他人成功的能力，而不是因为你掌握了某些特权信息。"黄仁勋还多次坦言，自己最大的恐惧就是让员工失望。

英伟达公司还鼓励员工把他们的办公室当作灵活的空间，可以自由吃饭、编程和社交，英伟达大楼的顶部还设有酒吧。这些建筑的内部通过摄像头和AI全天监控，如果有员工在会议桌旁吃饭，AI机器人可以在一小时内派人清理。在英伟达办公室的门上，除了能看到"星际迷航"和"星球大战"的名称外，还可看到《哈利·波特》的"霍格莫德"（Hogsmeade）、《冰与火之歌》的"君临城"（King's Landing）、《指环王》"魔多"（Mordor）等。

但这并不意味着黄仁勋的管理很宽松。黄仁勋喜欢每天写几百封电子邮件来跟员工进行沟通，通常这些邮件只有几个单词。正所谓慈不带兵，黄仁勋脾气暴躁，对错误零容忍。一位员工曾说："与他交流，就像把手指插进电插座里。"即使在黄仁勋冷静的时候，他给人的压力也会让人喘不过气来。

3. ARM "流产"，深度布局量子计算

2022年开年，英伟达和全球无人驾驶科技公司图森未来（TuSimple）在1月宣布，双方将深化战略合作伙伴关系，设计研发专为L4级无人驾驶货车场景需求打造下一代无人驾驶域控制器。该产品将搭载最新一代自动驾驶汽车系统级芯片英伟达Drive Orin。

Drive Orin SoC是一个超级强大的无人驾驶中央计算机，每秒能完成254万亿次运算，它将成为无人驾驶车辆的大脑。这次合作将加速图森未来自主研发高性能、车规级、可大规模应用的无人驾驶域控制器的进程，说白了就是让他们在无人驾驶货车领域更领先，同时也将更快地推进无人驾驶的商业化进程。

2022年，英伟达掀起的一桩行业史上最贵并购案彻底告吹，再次来到聚光灯下。2020年的时候，英伟达收购以色列迈络思花了70亿美元，而这次，黄仁勋大手笔掏出了400亿美元。

黄仁勋要收购的这家公司，是2016年软银创始人孙正义斥资320亿美元收购的ARM。当时，ARM架构的CPU已从客户端计算扩展到超级计算、云、人工智能和机器人，无所不能。而且，数据中心的发展趋势是系统集成程度越来越高，越来越往SoC的方向发展，芯片公司需要整合CPU和GPU，大家都在抢着弥补自身的短板。如果英伟达收购ARM，不仅能助力自家的数据中心业务，拓展移动芯片领域，还能补充自家当前的GPU+DPU布局，形成CPU+GPU+DPU的全产业链布局，将AI战略推向新的高度。对此，黄仁勋曾说过，收购ARM是"一生仅有一次的机会"，双方的结合能够催生出一个拥有领先的AI技术，且同时在各种类型计算设备上都拥有极为广阔分布的企业。

其实，黄仁勋早在2020年就盯上了ARM，当年，他是想结合ARM的CPU能力和自家的GPU，继续进攻手机移动芯片。所以，英伟达在三年前就宣布将以400亿美元的价格收购ARM，并根据英伟达、软银和ARM董事会当时批准的交易条款，承诺给出股票、现金及签约金。然而，黄仁勋诚意满满的收购计划遭到了全球多个监管机构的反垄断审查，以及英、美、欧盟的齐齐反对。监管机构认为，这一收购可能会损害市场竞争，导致芯片价格上涨和选择减少。最终，2022年2月，英伟达收购ARM被曝告吹，黄仁勋反倒赔了12.5亿美元押金。

不过，这次"流产"的收购案还是给英伟达带来了一定好处。英伟达与 ARM 已经达成合作协议，将获得长达 20 年的 ARM 架构许可证，也就是说，英伟达未来可通过 ARM 的 IP 授权，来开发 ARM 架构 CPU。

一直以来，英伟达在 GPU 市场拥有绝对优势，但 AI 等市场对于算力有着无穷无尽的需求，加上英特尔推出独立 GPU，AMD 又步步紧逼，英伟达必须革新架构，进一步加宽其护城河。

2022 年 3 月，英伟达如期召开了春季 GTC 大会。大会上，黄仁勋介绍了自家的 AI 在工业设计、医疗领域、自动驾驶、大气模拟等领域所取得的成就。其中，英伟达面向高性能计算和数据中心推出的 Hopper（霍珀）架构，无疑是最吸睛的产品，搭载该架构的加速卡被命名为 H100。这一全新架构以美国计算机领域的先驱科学家格蕾丝·霍珀（Grace Hopper）的名字命名，足以见得黄仁勋希望新架构引领未来计算的企图。"用 20 块 H100 GPU，可以承托全球互联网的流量"，这是黄仁勋的原话。

新架构将取代两年前推出的 Ampere 架构。H100 集成了 800 亿个晶体管，成为当时全球范围内最大的性能出众的加速器，拥有革命性的 Transformer 引擎和高度可扩展的英伟达 NVLink 互联技术等突破性功能，可推动庞大的 AI 语言模型、深度推荐系统、基因组学和复杂数字孪生的发展。

H100 利用大规模 AI 模型实现了实时沉浸式应用，其吞吐量比上一代产品高出了 30 倍，同时能满足实时对话式 AI 所需的次秒级延迟。利用 H100，研究人员和开发者能够训练庞大的模型，如包含 3950 亿个参数的混合专家模型，训练速度加速高达 9 倍，将训练时间从几周缩短到几天。

正如黄仁勋所言，数据中心正在转变成"AI 工厂"，它们处理大量数据以实现智能。而英伟达的 H100 是全球 AI 基础设施的引擎，让企业能够利用其实现自身 AI 业务的加速。H100 可部署于各种数据中心，包括内部私有云、云、混合云和边缘数据中心。

不过，H100 计算卡只是组成超算的一小部分，如果再加上英伟达的连接技术，Hopper 还可以像搭积木一样进一步拓展处理器性能。这一次英伟达还推出了 DGX H100 系统，拥有 8 块 H100，拥有 32PFLOPs 的 AI 算力，1.6P 的 FP16 算力，同样是上代系统的数倍。DGX H100 也只是更大超算的一小部分，英伟达还介绍了 DGX POD，基于最新的 NVLink Switch 技术让最多 32 个节点的 DGX H100 互联，形成 256 块 H100 芯片的计算单元，最高可以实现 1EFLOPs 的 AI 算力，也就是 100 亿亿亿次！数字已远超人们的想象。

除性能爆炸的 H100 计算卡之外，英伟达也公布了关于自研 CPU 的更多信息，比如说 Grace，它是由 CPU 以及 GPU 合成而来，采用 Grace 架构 CPU 以及 Hopper 架构 GPU，单个处理器拥有 72 个核心。可以说，这款 CPU 达到了 ARM 架构处理器的巅峰水准。除此之外，英伟达还介绍了 Grace CPU Superchi（超级芯片）系统。它基于两块 Grace 打造，最高拥有 144 个核心，带宽达到了 1TB/s。在 2017 测试中，Grace 跑分为 740 分，已经是业界最高水平，威胁到一直以来做 CPU 的英特尔和 AMD。

就像黄仁勋所说，作为一家计算机平台厂商，而非芯片企业，英伟达从来都不仅仅是提供芯片，而是围绕 AI 建立全栈的能力，其中芯片是关键基石，此外，还有平台、工具，并建立"样板房"。

会上，黄仁勋在自动驾驶领域也带来了重磅产品。如果以人体作为比喻，自动驾驶平台是人的神经，自动驾驶芯片是人的大脑，企业要做的，就是将二者深度融合，而英伟达做到了。在自动驾驶板块，黄仁勋宣布其自动驾驶芯片 Orin 于本月投产销售。还推出了 Hyperion 9（海伯利安 9）自动驾驶套件，拥有 14 个摄像头、9 个雷达、3 个激光雷达以及 20 个超声传感器，将让自动驾驶更加智能，这套系统于 2026 年开始出货。

此外，与 Hyperion 9 平台对应的，是 Drive Map 多模态地图引擎。它可以理解为 Hyperion 9 的高精度地图服务器，可进行地图的数据收集、绘制，以及定期维护更新。Drive Map 拥有两个地图引擎：真值测绘地图引擎和众包车队地图引擎。前者用于自采数据，后者帮助用户接入第三方数据。针对地图引擎，英伟达计划在北美、西欧、亚洲的主要道路采集公路总里程超过 50 万，并计划在 2024 年之前完成。这些数据都将被导入英伟达 Omniverse 中，用于训练其自动驾驶引擎。

值得一提的是，一套完整的自动驾驶引擎包含"计算平台 + 计算芯片 + 高精度地图"，目前在这三方面深度自研的 OEM 厂商只有特斯拉，而英伟达是在自动驾驶引擎深度自研上少有的能与特斯拉抗衡的企业。

黄仁勋还在会上宣布，比亚迪将于 2023 上半年开始投产搭载 Drive Orin 计算平台的车型，实现车辆智能驾驶和智能泊车。这时，英伟达背后站着的企业已经堪称豪华，并且几乎席卷了整个中国智能出行产业。其合作伙伴包括蔚小理、威马、智己、比亚迪、捷豹、路虎、沃尔沃、奥迪等，智能出行企业图森未来、智加科技、AutoX、小马智行、文远知行、元戎启行也都是英伟达的客户。

此时，英伟达的中国汽车朋友圈还在持续扩大，在 GTC 大会过后没多久，英伟达就又迎来了一个新伙伴。2022 年 3 月，英伟达与上海悠跑网络科技有限公司（以下简称"悠跑科技"）宣布合作，推出悠跑 UP 超级底盘，采用英伟达 Drive Hyperion AV 平台架构打造其高性能汽车大脑。由此，悠跑高性能汽车大脑成为业界首个拥有灵活算力的开放式汽车超算平台。

悠跑科技定位是"新型智能电动车公司"，目前正在开发电动汽车底盘。悠跑的高性能汽车大脑集成了英伟达的高性能芯片，将成为一个强大的开放式汽车计算平台。悠跑的 UP 超级底盘则集成了智能电动车的各种核心能力，它的核心模块可以灵活调整芯片数量，最高算力超过 1000TOPS，能满足各种级别的自动驾驶需求，用户也可以升级车辆的算力。

除了全面布局智能汽车，英伟达还在不断迭代芯片性能。2022 年 3 月，黄仁勋发布了新款 RTX A5500 专业级桌面显卡。这款显卡可以提供苛刻的多应用程序工作流程所需的性能、可靠性和功能。它基于 Ampere 架构构建，配备了 24 GB 的 GPU 内存，能够提供令人惊叹的渲染、AI、图形和计算性能，其光线追踪渲染速度比上一代产品快 2 倍，动态模糊渲染性能提升高达 9 倍，能够为媒体娱乐、工业设计制造、建筑工程等行业提供高性能的图像渲染加速能力，打造照片级的渲染效果。

除了汽车朋友圈，继 2021 年元宇宙大火后，英伟达又在 2022 年加入了大厂的元宇宙圈子。也是在 3 月，英伟达、Meta、小冰等企业宣布，在日本成立元宇宙联合体。这是亚洲首个元宇宙全生态联合体，这些公司将以"元宇宙"可持续发展为目标,就未来会出现的问题进行提前探索布局,并向日本政府与社会提出具体建议。这个联合体是非营利组织,说白了就是取三家之所长,搭建元宇宙的基础设施,还得到了日本经济产业省的支持。

作为新晋的元宇宙明星企业,小冰是从微软分拆出来的AI虚拟人模拟公司,也是元宇宙的重要入口之一。也就是说,Meta、微软和英伟达三家美国超级巨头因为元宇宙走到了一起。

2022年,除了收购ARM失败,黄仁勋在加密货币上也跌了跟头。一直以来,加密货币"挖矿"都是英伟达意外收割的一笔横财,但是,这笔钱也不是轻轻松松躺着就能赚到的。在过去的几年里,加密货币"挖矿"对计算机硬件的需求大幅增加,像英伟达这样的公司生产的图形处理器被疯狂抢购。然而,"矿工"们对显卡的需求一方面挤压了市场上显卡的数量,另一方面导致一些经销商故意囤货,使显卡供不应求,价格水涨船高。一块原价4500元的英伟达RTX 3070Ti显卡,最高时甚至涨到了7000元,普通消费者直呼买不起。

而英伟达在销售图形处理器时,没有向投资者充分披露加密货币"挖矿"对其游戏业务的影响,这违反了美国证券交易法的规定。比如,加密货币"挖矿"其实是英伟达2018财年连续几个季度中收入增长的重要因素,因此,美国证券交易委员会对英伟达提出了指控。面对指控,黄仁勋也很无奈,没说什么就交了罚款。2022年5月,英伟达公司同意向美国证券交易委员会支付550万美元罚款,这笔钱也将用于赔偿投资者。同时,黄仁勋也承诺,未来将更加透明地披露其业务中与加密货币"挖矿"相关的信息。

但其实，黄仁勋也很委屈，英伟达为了玩家也是尽心尽力了。早在2018年，英伟达就因为市面上"一卡难求"的问题向经销商发布公告，要求经销商优先向游戏玩家而不是"矿工"供货。同年，英伟达还推出了在这波"缺卡潮"中最受玩家关注的GTX 1060显卡的3G显存版本，希望通过降低显存配置的方式降低"矿工"在"挖矿"中取得的收益来减少"矿工"们对显卡的兴趣。2021年，英伟达推出了"挖矿"专用的芯片产品，后又通过性能锁的方式对显卡性能进行了部分限制，在不影响游戏体验的同时，最大限度地降低了显卡用于虚拟货币相关计算的作用。在显卡"挖矿"性能受限后，显卡价格逐渐有了平稳之势。

剧情反转的是，黄仁勋的"铁拳"也引来了报复。2022年，英伟达遭遇了"矿工"一派的南美黑客攻击，一度导致了电邮系统和开发平台下线。黑客组织宣称已经掌握了英伟达1TB的机密资料，以此要挟英伟达开放Windows、Mac OS以及Linux系统下的GPU驱动，解除对显卡的"挖矿"限制。英伟达当时没有答应黑客要求，导致一部分机密资料和核心技术的源代码被黑客泄露。后来，迫于黑客的压力，黄仁勋还是宣布将Linux GPU内核模块作为开放源代码发布了，就此也改善了Linux系统下GPU的使用体验。

2022年是黄仁勋重点布局量子计算的一年。AI、高性能计算和数据分析等市场，可以理解为"前量子计算市场"。黄仁勋下狠心研发H100，将GPU的性能做到目前全球的顶配，也是为了抢占量子计算大规模流行前的需求市场。虽然当时量子计算产业发展尚在早期，产业成熟或许还需

5到10年，但需求市场已经存在。英特尔、IBM、谷歌、微软等IT巨头都在紧锣密鼓地进行量子计算的研究，布局未来计算的下一站。英伟达算是量子计算生态系统中相对晚的玩家。

2022年7月，为加快在AI、高性能计算、医疗、金融和其他学科的量子研发突破，黄仁勋发布了量子混合编程平台QODA（Quantum Optimized Device Architecture，即量子优化设备架构）。多年前，英伟达通过"CUDA平台+GPU"收割了AI市场的第一波红利；现在，英伟达希望通过"QODA平台+GPU"收割量子计算应用市场的红利。

QODA旨在帮助人们在量子处理器和经典系统（GPU、CPU）组成的混合系统上开发和运行应用程序，使量子计算更易使用。相比传统的量子计算方式，QODA的速度提升了49倍。与CUDA类似，QODA是开放的、统一的环境，后者适用于当今一些最强大的计算机和量子处理器，可提高科学生产力，并使量子研究具有更大规模。

英伟达高性能计算和量子计算产品总监蒂姆·科斯塔说："在短期内，结合经典计算和量子计算的混合解决方案可能为科学研究带来突破。QODA将通过为开发者提供强大而高效的编程模型来彻底改变量子计算。"当时，英伟达已经与量子硬件供应商、量子软件供应商及一些国家的计算中心和实验室就QODA展开合作。

2022年，伴随元宇宙的持续火热，各行业对数字人和虚拟助手的需求也呈指数级增长，但创建和扩展它们对企业来说却很复杂。

为了解决这一问题，8月，黄仁勋在SIGGRAPH年会上正式发布了英伟达云原生AI模型和服务系统Omniverse Avatar Cloud Engine（云端化身引擎，简称ACE）。这个系统启用的助手和虚拟化身将有助于改变游戏、娱乐、银行、交通和酒店业的互动，进一步扫清元宇宙发展过程中的一些关键技术障碍。

英伟达使用ACE技术构建了两个应用程序，分别是Project Maxine（玛克辛项目）和Project Tokkio（托基奥项目）。Project Maxine为虚拟协作和内容创建提供了最先进的音视频功能，而Project Tokkio则通过智能的虚拟化身来增强客户服务体验。

ACE技术通过结合AI神经图形和通用场景描述，能帮开发者更快速地创建出形象逼真、智能交互的虚拟人类。这些虚拟人类可以用于现实中的各种服务场景，也可以用于元宇宙中的数字世界，为这些场景提供更为真实和生动的体验。通过将相关模型和服务放在云端，ACE技术使各种规模的企业都能快速获得创建和部署这些虚拟人类所需的大量计算能力，从而让这些企业能够更容易地利用虚拟人类来提供服务和增强用户体验。

2022年，在AI等新一轮科技革命下，神经图形正在推动计算机图形的新一轮创新，并在逐渐改变内容的创建和体验方式。所谓神经图形技术，就是让电脑用类似人脑的方式处理和创造图形，比如，让电脑自动学习怎么画出逼真的城市、人物等。这样我们在玩游戏或看电影时就会感觉到更真实和震撼。

在2022年秋季的GTC大会上，黄仁勋发布了一款专为神经图形和先进的虚拟世界模拟而设计的新品RTX 6000。它将赋能工程师、设计师和科学家迈入计算机图形的新时代，满足他们在元宇宙中构建虚拟世界时，对内容创建、渲染、AI和模拟工作负载的苛刻需求。比如，2022年中央广播电视总台就借助 RTX GPU 与 Omniverse，结合 AR 系统，为春晚和元宵晚会带来了绚丽、惊艳的视觉效果。

在更新 RTX GPU 的同时，为了让各行业都能用领先的 3D 软件来构建 3D 虚拟世界，黄仁勋还迭代推出了第二代英伟达 OVX。OVX 是一款用来驱动大规模数字孪生的计算系统，于 2022 年春季 GTC 上首发，已经广泛用于宝马、捷豹、路虎等公司的设计和工程工作。新一代 OVX 系统采用英伟达 Ada Lovelace（阿达·洛芙莱斯）GPU 架构和新升级的网络技术，具有实时图形、AI 和数字孪生性能，能够为构建复杂的工业数字孪生提供强大的算力和性能支持。

同时，英伟达还推出了软件加基础设施及服务产品——Omniverse Cloud，并向全球数百万个人创作者和艺术家提供 Omniverse 的免费版本。有了它，艺术家、开发者和企业团队可以在任何地点使用这套综合、全面的云服务来设计、发布、运行和体验元宇宙应用。人们不需要任何本地计算能力，只需一键就可以体验 3D 工作流设计与协作的云服务，借助这个工具进行虚拟世界的创造和合作。

比如，机器人专家可以通过 Omniverse Cloud 训练、仿真、测试和部署人工智能驱动的智能机器人，这些机器人可以在各种环境下进行自我学习和适应。自动驾驶汽车工程师则可以用 Omniverse Cloud 生成基于物理学的传感器数据，模拟各种交通场景，测试各种道路和天气状况，以确保无人驾驶汽车的安全性和可靠性。比如，世界上最大的传播集团 WPP 就率先在 Omniverse Cloud 上推出了汽车营销传播服务，为领先的汽车品牌提供高级的自定义 3D 内容和体验。

作为元宇宙基础设施的建设者,黄仁勋给英伟达的定位是做好软件、算法、开发包、框架、工具库,搭好平台,不断提升硬件算力。在秋季GTC大会上,英伟达还推出了众多让人耳目一新的产品,比如,用于高精度边缘AI的IGX平台,为制造、物流和医疗等行业带来了先进、主动的安全性能;发布了NeMo和BioNeMo大型语言模型服务,可用于内容生成、文本摘要、聊天机器人、代码开发以及蛋白质结构和生物分子特性预测等;推出了最新一代自动驾驶芯片Thor(雷神),以每秒钟完成2000万亿次计算的能力,成为当时的算力之王。

从自动驾驶芯片的竞争格局来看,当时,英伟达和高通凭借算力优势获得了更多主机厂的青睐。但从汽车业务营收规模看,自动驾驶芯片企业无比觊觎占据较大车载芯片市场份额。同时,中国的两个自动驾驶芯片独角兽地平线和黑芝麻智能分别占据生态优势和国产大算力优势,实力也不容小觑。

在算力已成为互联网巨头关键"弹药"的年代,英伟达的芯片也是经常被抢到断货。2022年10月,为了追赶亚马逊、微软等竞争对手,在云计算市场建立自己的地位,甲骨文进行了大规模改革,并为英伟达送来一笔大订单,购买了数万个顶级A100和H100计算GPU。

也是在10月,继2022年GTC大会上英伟达与比亚迪合作后,又有一家中国新能源造车新势力品牌哪吒汽车宣布,将基于英伟达的Drive Orin打造一款软件定义的电动汽车。用户可通过OTA(Over-the-Air Technology,即空中下载技术)进行持续更新,享受最新的智能驾驶和智能座舱。针对高等级的自动驾驶,哪吒汽车与英伟达还将在全新架构下的中央超算平台持续进行深度合作。

在黄仁勋看来，2022年已经处于AI进入企业的转折点。2022年10月，英伟达和微软达成了一项多年合作，宣布联手打造一台基于微软Azure云运行的人工智能超级计算机。这台计算机将使用英伟达提供的数以万计的GPU、H100和A100芯片，以提供强大的计算能力。除了向微软出售芯片外，英伟达还用Azure的可扩展虚拟机实例来研究和开发AI应用，帮助企业客户在公司内部培训、部署和扩展AI，两家公司还将合作优化微软的DeepSpeed（深度加速）深度学习优化软件。

在企业AI初步发展的同时，一个月之后，AI界重磅消费级产品问世，那就是11月底Open AI发布的AI对话聊天机器人ChatGPT。ChatGPT是一个大型语言模型，可以通过问答的互动形式为人们提供建议，帮忙做日常任务，并能根据上下文做出适当的回应。这个产品发布后在社交媒体上迅速走红，短短5天内注册用户数就超过惊人的100万，足以见得其发展潜力。生成式人工智能浪潮来了！在2012年播种了AI市场爆发的期望之后，折腾了这么久，黄仁勋和英伟达终于等到了胜利果实。

别看舞台上的黄仁勋总是一副科技极客的打扮，常年把皮衣"焊"在身上，但日常生活中的黄仁勋却平易近人、毫无架子，随便有人叫住他都可以跟他拍照合影。2022年11月，黄仁勋参加了中国台湾地区举办的电竞嘉年华活动Wirforce（启力世界）。在场外，黄仁勋正巧遇到两位女歌手在街头直播唱歌，于是凑过去点了一首美国著名歌手Lady Gaga的《一个明星的诞生》(*A Star is Born*)，这是一部同名音乐爱情电影的主题曲。

这两位年轻的女歌手其实并不认识黄仁勋，但还是邀请黄仁勋留在了镜头中间。于是，这位科技界大佬一脸随和，微笑地随着节奏一起摇摆了起来。后来，这件事被众多媒体捕捉报道，还有网友调皮地说，这高低应该要个4090（一款英伟达芯片）作为打赏，大佬听歌不能白听。

总的来说，由于疫情期间个人电脑和服务器需求猛增，2022年英伟达业务发展比较顺利，近三年营收及利润持续走高，毛利率维持在60%以上。但是自2022年以来，在美联储货币收紧的情况下，英伟达主营业务销售遇冷，股价暴跌。对此，黄仁勋表示："我们正在一个充满挑战的宏观环境中进行供应链转型，我们将会渡过难关。"

2022年，英伟达位列《财富》"100家最适合工作的公司"第五位，荣获玻璃门（Glassdoor）2022年最佳雇主榜单的美国最佳工作场所奖，并成为《时代》杂志2022年全球100大最具影响力企业之一。

4. 市值万亿，成为AI算力新王

2023年2月，借2022年Jetson边缘AI设备的扩展之势，英伟达的Jetson Orin NX 16GB模块在全球上市。这个模块具有非常强大的性能和效率，非常适合用于小型低功耗机器人和自主机器，成为无人机、手持设备等产品的最佳选择，可轻松应用于制造、物流、零售、农业、医疗和生命科学等领域，封装也非常紧凑和节能。

2023年，除了边缘计算，AI增强型应用、逼真渲染、仿真模拟等技术正以前所未有的速度帮助多行业的众多专业人士工作。为了运行这些复杂的数据密集型工作流，并实现各地团队之间的数据共享和协作，工作站需要配备高端CPU、GPU和先进的网络。

为了满足这些需求，2023年2月，英伟达携手英特尔为新一代工作站平台搭载了最新的英特尔至强W和英特尔至强可扩展处理器，并搭配英伟达RTX 6000 Ada架构GPU及ConnectX-6 SmartNIC。新款工作站具有前所未有的速度、功率和效率，可满足数据科学、制造业、广播、媒体和娱乐、医疗等领域的严格工作要求。这款AI赋能的工作站将激发全球专业创作者、艺术家、工程师、设计师、数据科学家和前沿用户的创新力和创造力。

2023年2月还有一个惊爆科技圈的重磅新闻，那就是新一代对话式人工智能ChatGPT在全球范围狂揽1亿名用户，并成功从科技界破圈，成为历史上增长最快的消费者应用程序。自此，ChatGPT可以说是火爆全网，带动全球AI大热。而对黄仁勋来说，2016年他送给OpenAI的DGX服务器，终于给主人带来了莫大的回报，因为ChatGPT主要就是用英伟达的芯片进行训练。

在3月的英伟达GTC大会上，黄仁勋迎着ChatGPT在全球的火爆之势，面向全球科技界喊出："我们正处于AI的'iPhone'时刻。"他总结道，"初创公司竞相构建具有颠覆性的产品和商业模式，而老牌公司则在寻求应对之法——生成式AI引发了全球企业制定AI战略的紧迫感。"

此时，生成式AI（Artificial Intelligence Generated Content，简称AIGC，即人工智能生成内容）的发展正在改变科技公司对于算力的需求。在本次大会上，英伟达发布了专为ChatGPT准备的芯片，以及针对AI任务的推理平台，它们都使用了统一的架构。

针对算力需求巨大的ChatGPT，英伟达发布了H100 NVL。这是一种具有94GB内存和加速Transformer Engine（变压器引擎）的大语言模型专用解决方案，配备了双GPU NVlink的PCIE H100 GPU。对此，黄仁勋放出豪言："当前唯一可以实际处理ChatGPT的GPU是英伟达HGX A100。"与之前相比，一台搭载四对H100和双NVlink的标准服务器速度能快10倍，可以将大语言模型的处理成本降低一个数量级。

除了H100 NVL，英伟达还发布了L4，它能提供比CPU高120倍的AI驱动视频性能及99%的能源效率，可用于视频流、编码和解码以及生成AI视频等工作。算力更强的英伟达L40则专门用于2D/3D图像生成。

在发布会上，黄仁勋还发布了加快半导体的设计和制造的新技术。当时，半导体的生产工艺已经逼近物理学所能达到的极限。2纳米制程之后，突破点是什么？黄仁勋决定从芯片制造的最原始阶段——光刻入手，这项新技术就是光刻计算库CuLitho。CuLitho在GPU上运行，其性能比以前的光刻技术提高了40倍，可以加速目前每年消耗数百亿个CPU小时的大规模计算工作负载。这一进展将使芯片的晶体管和电路尺寸比现在更小，同时加快了芯片的上市时间，并提高为推动制造过程而全天候运行的大规模数据中心的能源效率。英伟达也将积极与台积电等芯片代工厂商合作，把该技术推向市场。

发布会上，黄仁勋还宣布了一个使用Quantum Machines（量子机器）构建的新系统。作为全球首个GPU加速的量子计算系统，DGX Quantum将全球最强大的加速计算平台（由英伟达Grace Hopper超级芯片和CUDA Quantum开源编程模型实现）与全球最先进的量子控制平台OPX（由Quantum Machines提供）相结合。这种组合使研究人员能够建立空前强大的应用,将量子计算与最先进的经典计算相结合,实现校准、控制、量子纠错和混合算法。量子加速的超级计算有可能重塑科学和工业,而 DGX Quantum 将使研究人员能够突破量子经典计算的界限。

会上,英伟达还发布了 6 款面向笔记本电脑和台式电脑的全新 RTX Ada Lovelace 架构 GPU,满足创作者、工程师和数据科学家对 AI、设计和元宇宙新时代的需求;推出了一整套用于自定义 AI 基础模型的生成式 AI 云服务 BioNeMo,以加速新蛋白质和治疗方法的创建以及基因组学、化学、生物学和分子动力学等领域的研究;推出了 AI 超级计算服务 DGX Cloud,让企业能够立刻使用高级模型来训练生成式 AI 等创新应用。

2023 年是英伟达伴随 AI 等技术快速发展的一年,3 月,英伟达收获满满,达成了一系列合作和服务。比如,存储方案提供商 Excelero 加入英伟达,拓展其在存储领域的布局;与医疗技术提供商美敦力合作,加快医疗领域的 AI 发展;为全球最大的电动汽车制造商比亚迪全系列车辆提供 Drive Orin 集中式计算平台;为微软、腾讯、百度提供 CV-CUDA 开发计算机视觉 AI;等等。

2023 年 5 月,黄仁勋在台湾大学毕业典礼上的演讲刷屏了整个科技圈。他预言,在下个 10 年,我们的产业将使用新型的 AI 电脑,取代价值万亿美元的传统电脑。电脑产业再生的契机,真的来了。在演讲的末尾,他还以自身经历勉励年轻人,要跑起来,不要走,不论是为了追逐食物而跑,还是不被他人当作食物而跑。

回望来路,黄仁勋这些年来能带领英伟达在极度残酷和风云变幻的芯片行业发展壮大,靠的正是韧性。黄仁勋曾自述,创建英伟达比预想的要难 100 万倍，而创业者的超能力让他们不知道前方有多难。他曾说："有人说我是他们见过的最顽强的 CEO，我不太确定这是不是在夸我，但我非常确定我渴望活下去的意志超过几乎所有人想要杀死我的意志。"他无论走到哪里都自带光芒，精力无穷，不停地激励和鼓舞着身边的人。

同年 5 月，越来越强大的英伟达也在众多产品线强势出击。GH200 Grace Hopper 超级芯片全面投产，为全球各地即将上线的系统提供运行复杂 AI 和 HPC 工作负载所需的动力；发布加速网络平台 Spectrum-X，以提高基于以太网 AI 云的性能与效率；发布 MGX 服务器规范，为系统制造商提供了模块化参考架构，适用于广泛的 AI、高性能计算和元宇宙应用；推出可用于打造新一代自主移动机器人车队的全新平台 Isaac AMR，为移动机器人带来先进的测绘、自主和模拟能力；推出新型大内存 AI 超级计算机，助力开发面向生成式 AI 语言应用，推荐系统和数据分析工作负载的巨型下一代模型；推出全新定制 AI 模型代工服务英伟达 ACE 游戏开发版，利用 AI 驱动的自然语言交互技术，让游戏中的非玩家角色（Non-Player Character，简称 NPC）更为智能，优化游戏的互动体验；宣布和 WPP 开发使用英伟达 AI 和 Omniverse 的内容引擎，以使创作团队更加快速、高效、大规模地制作出高质量、贴合品牌需求的商业内容。

伴随众多产品的发布和市场应用，2023 年 5 月末，GPU 巨头英伟达终于跻身万亿美元市值俱乐部！这意味着英伟达成为全球首家市值超过 1 万亿美元的芯片公司，成为继 Meta、亚马逊、微软、Alphabet（字母表）、苹果和特斯拉之后，美国第七家解锁这项成就的公司。在一个周六，仅仅一天之内，英伟达的市值就暴涨了超 2000 亿美元，相当于涨出一个 AMD、两个英特尔，震惊了美股市场。

就在英伟达市值破万亿美元之际，黄仁勋亮相台北电脑展，并做了主题演讲。黄仁勋称，在加速计算与生成式 AI 两大变革下，计算机行业正面临转折点，从 20 世纪 80 年代的 PC，到此后的移动终端，计算行业正在进入加速计算引领的又一轮变革。他表示，生成式 AI 依托强大的大模型，让计算机具备理解使用者的能力，可以极大地降低编程门槛，从而消除数字鸿沟。他预言，未来"每个人都是程序员"。

此次，英伟达还发布了多项 AI 解决方案，涉及游戏、广告、工业领域。同时，黄仁勋还推出了大内存 AI 超级计算机 DGX GH200，这台超算约为 DGX A100 超算 320GB 内存的 500 倍，可以让开发者更好地开发聊天机器人、互联网推荐系统算法等大模型 AI 应用，谷歌、Meta 和微软等公司将最先测试该系统。

2023 年 8 月，为推动影视行业发展，英伟达与皮克斯、奥多比（Adobe）、苹果、欧特克（Autodesk）与 Linux 基金会附属机构联合开发基金会宣布组成 OpenUSD（开放统一标准联盟），以促进皮克斯 USD（通用场景描述）技术的标准化、开发、演进和成长。通过使用 USD，不同团队就能在同一场景上同时工作，而无须担心数据冲突或格式不兼容的问题。这大大提高了影视后期制作的效率和灵活性，使使用不同软件的团队之间能够更加便捷地共享和协同工作。

也是在 8 月，英伟达还在 SIGGRAPH 大会上推出了升级版的下一代 Grace Hopper 超级芯片平台，该平台采用了 HBM3e 内存技术，专为人工智能和高性能计算而设计，芯片容量和速度都大幅增强，可以每秒钟高达 5TB 的速度访问信息。这款处理器的推出将进一步推动 AI 服务器市场的发展，为科研、自动驾驶、智能物流、医疗影像等领域提供更强大的计算支持。

会上，英伟达还在客厅场景下，演示了可帮助艺术家快速切换 3D 场景的生成式 AI 模型。只见演示人员用皮克斯公司的 OpenUSD 技术为客厅添加上砖纹理墙后，任意切换了沙发和抱枕的面料选择，并将狮子设计造型神奇地融入进去。该演示还赢得了 SIGGRAPH 现场活动的最佳展示奖。

在建筑、游戏开发和室内设计等创意产业中，这些功能可以帮助艺术家快速探索想法并尝试不同的美学风格。而这个完全基于物理的材质生成功能将通过英伟达 Picasso（毕加索）基础模型平台提供服务。它帮企业开发人员、软件创建者和服务提供商训练、微调、优化和推断图像、视频、3D 等基础模型，以满足他们的视觉设计需求。

继 2022 年发布 H100 后，2023 年 11 月，英伟达发布了世界最强 AI 芯片 H200，性能较 H100 提升 60% ~ 90%，还能和 H100 兼容。与 H100 相比，H200 的容量几乎翻了一番，带宽也增加了 2.4 倍。在处理 Llama 2 等大语言模型时，H200 的推理速度比 H100 提高了接近 1 倍。而在用户非常看重的推理能耗上，H200 相比 H100 直接腰斩，大幅降低了用户的使用成本，再次坐实了黄仁勋那句"买得越多，省得越多"。

2023 年，英伟达已经成为 AI 算力之王，也把控着全球科技产业的命脉。此时，黄仁勋开始从公司合作上升为与不同国家的政府、企业合作，而他显然很看好亚洲市场。

2023年12月，黄仁勋密集访问了日本、新加坡、马来西亚和越南等多个亚洲国家，并宣布将在越南建立半导体基地，还在马来西亚投资了约42.9亿美元，与马来西亚杨忠礼集团合作建设AI基础设施战略布局。此外，英伟达还计划与包括软银在内的日本企业合作研发生成式AI，并向日本首相承诺，将尽最大努力优先考虑满足日本市场的GPU需求。

同样在亚洲，跟东南亚国家热火朝天不同，中国科技企业此时正面临冰点困境。12月初，美国颁布了史上最严的芯片出口管制，这意味着英伟达之前绕开芯片管制为中国研发的低性能"阉割版"芯片在中国大陆也买不到了。黄仁勋何尝不想保住中国市场，要知道，英伟达在中国AI芯片市场占据了九成份额，而H100芯片的利润率大约为1000%。据英伟达官方称，算力最强的H200计划将于2024年第二季度正式出货。届时，亚马逊、谷歌、微软等将成为H200的首批用户。但由于美国的制裁，这款芯片依然无法输送到中国市场的客户手中。

芯片行业下游市场大致分为通信（含手机）、计算机、消费电子、汽车、工业、军事等领域，其中，最主要的市场是通信和PC/平板领域，占比达到61%，其次是工业、消费电子和汽车领域。在中国，受缺芯影响最大的是汽车领域，小鹏汽车、比亚迪、吉利、东风等都已投入自研芯片的大军。但要达到芯片成型，还需要巨量的资本输入和很长时间。

芯片行业是现代经济和技术发展中极为重要的一环，对许多行业具有基础性的影响。虽然苏姿丰、黄仁勋和张忠谋是全球AI芯片界最引人注目的三位华裔企业家，但中国国内的芯片产业仍大幅落后于美国，也就是我们常说的被芯片"卡脖子"。芯片难造，一是因为失败率高，二是因为造价贵。做芯片，九死一生。每研发一块新的芯片都要至少投入上亿的资金，耗时需要一两年。而制造集成电路的开销也让人瞠目结舌，仅一条20纳米的工艺生产线就高达100亿美元。也就是说，一块芯片流片失败就可能导致企业破产。

国内互联网大厂拥有天然的数据优势，自然不希望因为算力被卡在大模型能带来的广阔世界和商机之外。截至2023年底，中国的科技巨头与创业者已经开发了100多个大模型，他们急需英伟达速度更快的GPU芯片来提供算力支撑。华为创始人、CEO任正非早在20年前就发誓要做中国人自己的芯片。如今，华为基于ARM架构授权自主研发出高性能处理器鲲鹏CPU，华为用于数据中心的昇腾AI芯片已达到A100至H100之间的性能。比华为晚10年做芯片的小米创始人雷军也曾放出豪言，"10亿人民币起步，花10亿美元，10年出成果"，并在此后自主研发出手机SoC芯片澎湃S1、澎湃C1芯片。

美国的芯片管制让中国必须孤注一掷去攻克芯片难题。而且，中国也有自己的芯片优势。大模型对于算力的需求分为两个阶段：一是训练出ChatGPT这种大模型的过程，二是将这个模型商业化的推理过程。国产GPU比较擅长做些简单的云端推理工作，燧原科技、壁仞科技、天数智芯、寒武纪等公司都推出了自己的云端GPU产品。而未来大模型应用普及之后，推理GPU的需求量会非常大，远超训练量，这就是中国造芯最好的突破口。

以生成式AI为核心，2023年无疑是AI技术大爆炸的一年。站在

2023年末，在AI芯片市场中，英伟达的市场占有率已高达95%。就像一位华尔街分析师说的那样："AI领域正在上演一场战争，而英伟达是唯一的军火供应商。"在数据爆炸和算力需求暴增的AI时代，芯片是算力动能的来源，成为比领土、黄金、能源更宝贵的资源。此时，就像20世纪90年代人们都基于Windows创业，或者上个10年人们都在iPhone上创业一样，所有深度学习创业公司都在用英伟达。全球大公司乃至很多国家政府都以能拿到英伟达最先进的A100、H100等芯片作为自身算力实力的衡量指标，导致英伟达芯片一卡难求。

以研发为底、生态为径、AI为翼，英伟达已拥有全球最广泛的AI生态朋友圈，正在与各大云服务商、数据中心运营商、AI框架开发者、AI应用开发者等合作，推动AI、数字生物学、气候科学、游戏、创意设计、自动驾驶汽车和机器人等最前沿领域的近千家合作伙伴进步，赋能千行百业。

回看英伟达30年来的发展，股价几经大起大落，近80%的跌幅经历了不止一次。但是，黄仁勋没有紧盯股价想着怎么套现，也没有被干扰情绪，而是一心专注怎样为各行各业解决五花八门的算力难题。在股价上，黄仁勋主张把公司发展红利实打实回馈给投资者。比如，2013年英伟达启动资本回报计划，2023年又抛出250亿美元的回购计划。而黄仁勋已经习惯了芯片界打打杀杀的过山车式节奏，并收获了这场长期鏖战的胜利果实。截至2023年7月4日，黄仁勋的个人净资产约为380亿美元，排名全球第34位，其中有242亿美元是2023年新增的财富，是2023年财富增加最多的科技富豪之一。这一年，英伟达年收入达260亿美元，在全球拥有2.6万名员工。

沧海横流，方显英雄本色。这一年，黄仁勋的外号更多了。从最初的"皮衣刀客"进阶为"AI狂人""显卡大帝""核爆狂魔""元宇宙奠基人""一兆男"（指英伟达市值突破1万亿，即1兆美元）。网友还编出了"先有仁勋后有天，显卡在手虐神仙""一卡一栋楼，两卡毁地球，三卡银河系，四卡创世纪"的段子，调侃英伟达芯片价格贵、算力强又难买到。

在2024年CES大会上，黄仁勋再次以各种王炸级产品和应用击穿全球用户的想象力：AI PC性能直接飙涨60倍，40系SUPER显卡全面碾压上代旗舰，AI NPC甚至能跟屏幕外的玩家直接开启实时对话……英伟达还在用AI设计芯片。

回看这位叱咤芯片界风云的科技新贵，我们会发现黄仁勋身上有很多截然对立的特质。黄仁勋是一个实干家，他的思维方式很实际，从不看科幻小说，喜欢从第一原理出发，推断芯片今天能做什么，赌它们明天能做什么。但黄仁勋更是一个伟大的梦想家。AI最重要的是用人工智慧预测未来，他希望在有生之年，可以用超级计算机来预测风暴，预测地震，或者发现癌症疗法，让更多人用更便宜的价格挽救自己的生命。如今，60岁的黄仁勋已经是硅谷科技巨头中任期最久的CEO了，但他还是希望等自己90岁以后，能变成AI机器人继续领导英伟达三四十年。

黄仁勋在事业上很刚，不服就干，他跟微软、英特尔、AMD、三星、高通等科技巨头都曾对簿公堂。但他在生活中又侠骨柔情，对初恋女友从一而终，儿女双全，每天陪家人吃饭，活成了这个快餐时代"一生一世一双人"的爱情神话。

如今，已经登上 AI 王座的黄仁勋，也并不是高枕无忧。无限风光在险峰，但高处也不胜寒。芯片行业从来都是一个战火不眠、白骨如山的战场。目前，除了苹果、特斯拉自己造芯，谷歌、亚马逊、华为、OpenAI、百度等大厂都在自研芯片，英伟达的大客户微软也正与 AMD 合作自研 AI 处理器 Athena（雅典娜），谁也不想让自己的未来攥在别人手中。Meta、OpenAI、Google 也都放言要做开源的生态，对抗封闭的 CUDA。另外，一些专业领域的芯片小玩家也在寻找更专业的 AI 切入口，全球反垄断的呼声也渐渐高涨。尽管英伟达目前凭借"GPU+NVlink+CUDA"垄断了 AI 算力 90% 以上的市场，但是正如芯片市场一直以来的过山车模式，未来的一切都乾坤未定。

中国有句古训："五十而知天命，六十耳顺。"但对于老当益壮的黄仁勋来说，60 岁才刚开始知天命，他正肩负着新一代 AI 浪潮的算力使命，破浪前行。对于未来，黄仁勋有着无比宏大的设想。他认为，所有人的言行将构建出一个规模无限宏大的数字世界，所有移动的东西都将是自主的……

而当前摆在我们面前的，是现实物理世界和虚拟数字世界逐渐融合和互通，数字艺术、数字工业、数字生物等正在改变世界的运行规则，从人类创造到人机协作，从人工作业到数字孪生工厂模拟、自动操作，更多"爱因斯坦"和"达·芬奇"也将基于英伟达的 AI 数字引擎百花齐放，打开人类文明群星闪耀的新篇章。

本书大事记

1963 年：黄仁勋出生于中国台湾台北市。

1973 年：黄仁勋和哥哥从中国台湾前往美国投奔舅舅。

1983 年：黄仁勋基本完成课业，入职 AMD 担任芯片设计师。

1984 年：黄仁勋取得俄勒冈州立大学电子工程学士学位。

1985 年：黄仁勋入职 LSI Logic 担任芯片工程师。

1990 年：黄仁勋取得斯坦福大学电子工程硕士学位。

1993 年：黄仁勋和两个合伙人联合创建英伟达，担任 CEO 至今。

1995 年：英伟达推出第一款真正意义上的显卡产品 NV1，但销量不佳。

1997 年：英伟达推出 Riva 128 芯片，成为爆品。

1999 年：英伟达在纳斯达克上市；推出全球第一款 GPU——GeForce 256。

2000 年：英伟达收购老对手 3dfx，从群雄逐鹿到和 ATI 双雄争霸。

2002 年：英伟达 GPU 出货量达到 1 亿。

2006 年：AMD 收购 ATI，和英伟达从合作伙伴变为竞争对手；英伟达发布 CUDA 技术，开启 GPU 通用计算时代。

2012 年：英伟达推出 Kepler 架构，进入高性能、低功耗时代。

2014 年：英伟达推出 Maxwell 架构，主要应用于移动设备。

2015 年：英伟达官宣转型 AI。

2016 年：英伟达推出 Pascal 架构，采用 16 纳米制程工艺。

2017年：英伟达推出Volta架构及Tesla V100显卡，首次采用7纳米制程工艺。

2018年：英伟达推出Turing架构，支持实时光线追踪技术。

2020年：英伟达推出Ampere架构，大幅提高GPU算力；市值反超英特尔，成为美国市值最高的芯片公司。

2021年：英伟达搭建元宇宙生态基座，提供底层算力。

2022年：英伟达面向高性能计算和数据中心推出Hopper架构；面向AI领域推出芯片H100；深度布局量子计算。

2023年：英伟达成为首家市值达到1万亿美元的芯片企业；推出最强AI芯片H200。